西森マリー［著］
Marie NISHIMORI

副島隆彦［監修］
SOEJIMA Takahiko

帰ってきた
トランプ大統領

アメリカに“建国の正義”が戻る日

Welcome back,
President Trump!

監修者のことば

副島隆彦

本書『帰ってきたトランプ大統領　アメリカに〝建国の正義〟が戻る日』は、素晴らしい本である。私は読んで感動した。ものすごく勉強になった。アメリカ政治の最新の知識と情報に満ちている。

この本は西森マリーさんによるアメリカ政治ものの6冊目の渾身《こんしん》の力作である。ずいぶんと読み易《やす》くなりました。トランプ大統領が、今年の11月5日に帰って来る（再選される）というのは、今や誰でも分かっている通りの世界の真実である。「トランプが勝つ」は、少しも奇異な意見表明ではないし、まっとうな近《きん》未来予測である。

私は、本書の監修者として、この本の原稿のゲラ（galley《ガリ》 proof《プルーフ》）を、綿密《めんみつ》に読んだ。そして私が新たに知った最新知識を順番に本書の中から書き写して行った。

バイデン勢力、即ち the《ザ》 Deep《ディープ》 State《ステイト》 ＝ Cabal《カバール》 側の、愚劣な政治活動（及び事件）が52項目。トランプ支持勢力からの反撃としての、そしてアメリカの未来のためのトランプ提言などが62項目あった。

例えば、バイデン項目の43番は、１４９ページの birth tourism バース・ツーリズム（出産に際して、妊婦に与えられるホテル滞在と出産費用を出す政策）である。トランプはこれを廃止すると公約（プラットフォーム）している。

同じく44番目は、１５２ページの planned parenthood（プランド・ペアレントフッド）という団体である。表面は、慈愛に満ちた子供の養子縁組み斡旋組織である。だが、その裏側の真実は、胎児の臓器売買と中絶《アボーション》紹介組織である。トランプ大統領は、この組織を解散させると公約している。

私たち日本国民は、アメリカの真実を、普通のテレビ、新聞の報道では何も知らされていない。日本のメディアの偏向はヒドいの一語に尽きる。今のアメリカ合衆国がどれぐらい悲惨な情況になっているかの報道は全くなされない。私の友人の温厚な経営者が言った。「最近、サンフランシスコに行った。イヤー、ヒドいものだ。中心部の高層ビルの周囲が板塀《いたべい》で囲ってあって、とても人々が安全に歩けるような場所ではなくなっている。私はもうアメリカに愛想が尽きたよ」と。

この西森マリーさんの本以上に、今のアメリカで本当に起きていることを、活写して私たちに伝えてくれる情報源は他には無い。彼女は毎日、大量の英文を読みこなして、その優れた頭脳で、整理して、そして、分かり易《やす》い日本文にして私たちに伝えてくれる。
本当にありがたいことだ。西森マリーがいてくれなかったら、私たちは真のアメリカを知ることができない。ウソばかりの表面報道で飼い慣らされている私たちの脳に、西森マリー本が衝撃の鉄槌《てっつい》を降ろしてくれる。

ただし、監修者である私は、少しだけ不安に思う。あのディープステイト＝カバールの邪悪な集団が、そんなにすんなりと公正な大統領選挙をして、潔く結果を認めて撤退するだろうか。彼らが握り占めている公式の政治権力を、あの悪魔崇拝（ディアボリズム）の者たちがすんなりと明け渡すだろうか。老婆《ば》心ならぬ老爺《じじい》心から思う。何故なら、人間の本性《ほんせい》（nature ネイチュア）の一部に、現実の世界で穢《きたな》らしく生きなければ済まないことがたくさん有るからだ。ディープステイト＝カバールはこの残酷で悲惨な現実主義（リアリズム）の上に生存している。だから悪魔教の儀式（リチュアル）を行って、支配者としての訓練を積む。誰かが人々の嫌《いや》がる汚れ仕事をしなければ済まないのだと。

それでも、アメリカ国民の80パーセントがトランプを支持していることは事実だ。いろいろのニューズ映像を見ていると、真面目《まじめ》で堅実で純朴《じゅんぼく》な感じのアメリカ人たちは、じっとトランプの演説を見つめて聴いている。だからもうアメリカ国民は黙らない。いざとなったら銃を手にして戦う覚悟である。私たち日本人だって同じだ。

だから私も、アメリカ国民の〝建国の正義〟を取り戻す戦いが勝利することを信じたい。西森マリーさんが次々とアメリカから書いて送ってくれる本当の真実に強く共感する。私たちも日本から、世界の大きな動きに対応して必要な行動を取らなくてはいけない。

２０２４年３月

副島隆彦

はじめに

ONLY AT THE PRECIPICE [moment of destruction] WILL PEOPLE FIND THE WILL TO CHANGE.
断崖絶壁（破滅の瞬間）に立たされて、初めて人は変わろうとする意思の力を見つける。

副島隆彦先生に監修をしていただいた私の前5作を読んでいない方のために、アメリカの現状をかいつまんでご説明しましょう。

アメリカ軍の有志たちは、少なくとも数百年に渡って人類を支配してきたカバール（大銀行家とヨーロッパの王族）が世界統一政府を作ることを阻止するために、長い間密かに計画を練ってきました。

カバールは、世界中に自分たちが牛耳《ぎゅうじ》る中央銀行を設置し、好き放題に紙幣を印刷し、あらゆる政府にカネを貸し付けて、利子を取り、人々を永遠の借金奴隷にしてきました。

しかし、現金の動きは追跡できないので、カバールは紙幣を廃止し、ＣＢＤＣ中央銀行デジタル通貨に切り替えて、カネの流れを徹底管理、カバールに刃向かう人間のＣＢＤＣ口座をクリック一つで閉鎖できる社会を作ろうと企《たくら》みました。

また、人々の動きを制限するために、地球温暖化・環境保護を理由に、全てが歩いて行ける距離にある「15分の都市」に人々を閉じ込め、リモコン操作可能な電気自動車を強要する政策を始めました。

そして、資源を独り占めするために、パンデミックやワクチンで人を殺して人口を減らし、人々に昆虫や幼虫を食べさせ、モラルを崩すために学校制度に侵入して過剰なＬＧＢＴＱ洗脳教育を義務化しました。

さらに、法と秩序を破壊するためにＢＬＭとアンティファを英雄、警察を悪者に仕立て上げて人種間闘争を起こし、不法入国者を大量に流入させてアメリカを内部から破壊しようとしました。

カバールは、最後の16年をオバマとヒラリーに託して、２人の政権の間にアメリカの生産業を潰し、化石燃料を禁じ、アメリカ人から銃を没収し、軍隊を弱体化させ、政府にカバールの手下を侵入させ、延々と続くパンデミックと第３次世界大戦を起こしてアメリカを潰し、カバールの組織である国連、ＷＨＯ、世界経済フォーラム、世界銀行、ＩＭＦが牛耳るワン・ワールドを実現させるつもりでした。

アメリカ軍部の有志たちは、カバールの陰謀を熟知していましたが、単に「カバールと呼ばれる陰の支配者が、こんな陰謀を実行しようとしている！」と、警告を発しても、文字通り陰謀論！、と吐き捨てられるのが落ちです。

そこで、彼らはドナルド・トランプをリクルートして、２０１６年の大統領選で激戦州の電子投票機がインターネットに接続できないようにして不正を防ぎ、トランプ政権を発足させて、カバール解体作戦を始めました。

トランプ大統領は、選挙キャンペーン中から、大手メディアをフェイクニューズと呼び、グーグルや YouTube、ツイッターも含めた媒体が、実はカバールの偽《にせ》情報拡散機関であることを国民に教えてくれました。そして、４年間で、クリントン時代からすでに始まっていた生産業・化石燃料潰し政策と銃規制強化政策、過剰ＰＣ教育をやめ、１８０度方向転換して、アメリカにいまだかつてない繁栄をもたらし、シリアから撤兵し、イスラエルとアラブ諸国を和解させ、オバマが作ったイスラム国を破壊し、アメリカが戦争を起こさないようにしました。

こうして、カバールの予定を大幅に遅らせたトランプ大統領は、２０２０年の選挙でカバールにやりたい放題不正をやらせて、宇宙軍に不正の証拠をつかませ、偽バイデン（本物のバイデンはすでに死にました）に政権を譲ったふりをして身を引きました。

そして、偽バイデン政権に、ワクチン強要、過剰環境保護、ＳＮＳでの言論統制、違法な銃規制、ＬＧＢＴＱ洗脳、白人差別教育、過剰なウクライナ援助、激しいインフレを招くカネばらまき政策、犯罪者と不法入国者優遇政策など、あり得ない政策を展開させました。

こうして、トランプ大統領は、カバールの手下が政権を取ると、アメリカがどれほどひどいことになるかを、国民に知らしめました。

カバールはヒラリーが８年かけて実行するはずだったアメリカ破壊政策を、バイデンの４年で実行しなければならなかったので、アメリカを潰すためのあり得ない政策を猛スピードで実行せざるを得なくなりました。

しかも、トランプ大統領のアメリカ・ファースト（アメリカ優先）政策のおかげで、アメリカはレーガン政権時代を上回るほどの経済繁栄を享受し、不法入国者も一気に減っていました。そのため、バイデン政権発足後の不況と不法入国者激増による被害を、アメリカ国民が肌身をもって痛感することになり、国民の多くが偽バイデンの政策が常軌を逸していることに気づき始めました。これは、毎日見ていると気づかない植物の成長過程を、ビデオに撮って早回しで見るとハッキリ見えてくるのと同じです。

そして、今、トランプ大統領は再び大統領選に出馬して、カバールの手下たちが政敵を潰すためにどれほど汚い手を使うかを国民に見せつけ、選挙演説でカバールの政策がいかに国民を傷つけているかを訴え、解決策を提示して、支持率を伸ばしています。

この本は、トランプ大統領のおかげで、アメリカ国民がいかにしてカバールの陰謀に気づいていったかを、アメリカ在住者の視点で解説した本です。最後までお読みいただければ、トランプ大統領がなぜマジョリティのアメリカ人から支持されたのか。なぜ保守派から愛されているのか、その理由がハッキリと見えてくるでしょう。

本書の記述の根拠となる出典のＵＲＬは、秀和システムのホームページ https://www.shuwasystem.co.jp/ にある本書のサイトのサポート欄に掲載してあります。

『帰ってきたトランプ大統領』◆目次

装丁・泉沢光雄
カバー写真・ＡＦＰ＝時事

第1章　司法・検察機関のダブル・スタンダード

◆トランプの選挙活動を妨害するための裁判

トランプ政権下でも、〝ウォウク〟な学校教育（第5章参照）に反対する親をFBIが監視したり、BLMやアンティファの暴行を検察が無視する、など、司法・検察機関のダブル・スタンダードが問題になっていました。

バイデン政権発足後は、ダブル・スタンダードに拍車がかかり、司法省も地方の検察機関もFBIも、トランプ大統領、及びトランプ支持者を異常なほど激しく取り締まるようになりました。

最初に、トランプ大統領を訴えた裁判に関して、おさらいしておきましょう。

トランプ大統領が2024年の大統領選に出馬することが明らかになったとたんに、カバールの手下たちは何年も前の偽《にせ》容疑を蒸し返して、トランプ大統領を起訴しました。

まず、2023年3月に、トランプ大統領はニューヨークで起訴されました。2016年の大統領選挙の前に、ストーミー・ダニエルズへ口止め料を支払った際に業務記録を改竄《かいざん》した、などの34件の刑事責任を問われ、裁判は２０２４年3月25日に予定されています。

7年以上前の容疑を今さら持ち出すのは、トランプ大統領の選挙活動を妨害するためとしか思えないので、トランプ大統領自身も、トランプ支持者も、「これは間接的な選挙干渉だ！」と、民主党による司法機関の武器化を批判しています。

２０２３年6月には、政府機密文書を持ち出し、回収しようとした政府関係者を妨害した、などの容疑で、フロリダ州で起訴されました。裁判は２０２４年5月20日に予定されています。トランプ大統領は、確かにホワイトハウスからさまざまな書類を持ち出して、マーララーゴに保管していました。その中には「かつての機密文書」も含まれていましたが、どれもトランプ大統領が、大統領が有する機密解除権を行使して在任中に機密を解除したものでした。また、FBIは、マーララーゴの家宅捜索を行う前に監視カメラのスイッチを切った、と言われていますが、MAGA支持者たちは、スイッチが切られた監視カメラ以外の監視カメラがFBIの行動の一部始終を記録していた、と信じています。裁判が始まれば、トランプ側がFBIの文書回収を妨害していないことが証明されるでしょう。

バイデンは、副大統領時代に持ち出したウクライナやイランに関する機密文書を、ガレージや中華街のビルに保管していました。副大統領には機密を解除する権限がないので、これは明

なぜ、トランプ大統領は「大統領の免責特権（プレジデンシャル・イミュニティ）」を執拗に主張しているのか。そこには孫子の兵法の上を行く、トランプ大統領の深謀遠慮がある。この本で説明します

2024年1月15日、共和党の指名争いの初戦となるアイオワ州の党員集会で、得票率51％のぶっちぎりで勝利したトランプ大統領
その後、スーパー・チューズデー（３月５日）でも圧勝し、共和党の指名を確実にした

らかに違憲行為ですが、バイデンは起訴されていません。

機密文書持ち出しに関する訴訟は、司法制度の激しいダブル・スタンダードをイヤというほど見せつけて、中道派の人々が目覚めるきっかけとなりました。

2023年8月には、コロンビア特別区連邦地方裁判所で、2020年の大統領選挙を覆すために、有権者の権利を剝奪《はくだつ》し、公的手続きを妨害し、議事堂襲撃を煽《あお》った容疑で起訴されました。

この裁判は2024年3月4日に始まることになっていました。これは、選挙人の数が多いカリフォルニアやテキサスなど16州が予備選を行うスーパー・チューズデイ（3月5日）の前日です。本来なら、この日は朝から晩まで複数の州で集会を開いてスピーチをしたいところですが、トランプ大統領は裁判所に出頭しなければならず、選挙活動ができません。

この裁判が選挙活動妨害のために仕組まれた、ということは、正気を失っていない人々の目には明らかです。

実は、トランプ支持者は、この裁判を楽しみにしています。トランプ大統領も、〝自己弁護のため〟という大義名分のもとで、NSAや軍事情報機関が保管している選挙不正の証拠を公式な場所で提示できる機会を固唾《かたず》を呑んで待っています。

議事堂〝襲撃〟に関しては、さんざん襲撃を煽っていたレイ・エプスは、FBIの回し者なので、執行猶予になっただけですが、真実を伝え続けるピーター・ナヴァロ（トランプ政権の通商会議委員長）は、議会の召喚状を無視した罪で4カ月の禁固刑になりました。同じく、召喚状を無視したハンター・バイデンがのうのうと馬鹿面をさらして自由の身でいるのと比べると、アメリカの司法制度がいかに腐敗しきっているかはっきり見えてきます。つまり、この裁判も、司法制度や大手メディアのダブル・スタンダードを浮き彫りにするために大いに役立った、ということです。

2023年8月には、バイデンのジョージア州での勝利を覆そうとした容疑で、トランプ大統領は18人の〝共犯者〟とともにジョージア州で起訴されました。

この裁判も、MAGA派は皆、早く始めてほしい！、と待ちわびています。山ほどある不正の証拠を提出して、ジョージア州での大統領選で激しい不正が行われたことが証明されれば、他の州でも不正があったことを次々と証明できます。そうなれば、2020年の大統領選の結果が無効化され、トランプ大統領が復帰するか、公正な選挙が行われてトランプ大統領が圧勝するでしょう。

ドクター・ジャン・ハルパー・ヘイズが言っているとおり（225ページ参照）、選挙の不正に関する裁判が起きたことで、トランプ大統領は宇宙軍が持っている不正の証拠を公式に提示できる機会を得たのです。

２０１８年４月19日のQのインテル・ドロップには、こう記されています。

我々はすべてを持っている。
知っていることをどうすれば使えるのか？
どうすれば〝合法的に〟注入し、公開し、証拠として使えるのか？
君たちは何の展開を目撃しているのか？
プランを信じろ。
Q

ＮＳＡも宇宙軍も、その他の軍事情報機関も、２０２０年の不正選挙の証拠のみならず、クリントン、ブッシュ、オバマ、バイデン、ペロシを含むあらゆる政治家、ビル・ゲイツ、ザッカーバーグ、ソロスなどの財政援助人、あらゆる判事や検事、ＦＢＩ、ＣＩＡ、国税庁、国務省、司法省などの政府機関の悪事の証拠をすべて収集保管しています。

トランプ大統領は、自分が被告になることで、憲法で与えられた自己弁護をする権利を行使して、これらの証拠を一挙に公の場で提示する機会を得たのです！

トランプ大統領と保守派は、これらの裁判がテレビで生中継され、インターネットでライヴ・ストリーミングされることを希望しています。まだ目覚めていない左派のバカどもも、トランプ大統領が負ける姿を見たいがために、これらの裁判の生中継・ライヴ・ストリーミングを希望しているので、判事もメディアも大多数の国民の要望に応えないわけにはいかないでしょう。

カバールにとって不都合な証拠が提示された時点で、サイバー攻撃が起きて、アメリカ全土が停電になる可能性もあります。一昔前なら、多くの人々がこの停電を単なる偶然として受け入れたでしょう。しかし、今は、少なくともMAGA支持者はしっかり目覚めているので、これが偶然などではなくて、カバールが真実拡散を防ぐために行った妨害行為であることを見抜いています。そして、飛脚や伝書鳩を使ってでもトランプ大統領が提示した証拠を拡散するでしょう！

ジョージア州では、すでに1月に行われている選挙の安全性に関する裁判で、左派のハルダーマン教授が判事の目の前で、電子投票機の投票・集計結果を簡単に改竄できることを証明しています。

また、ジョージア州フルトン郡で、デスクの下に隠したスーツケースから偽投票用紙を取り出して、何度も集計機に挿入した黒人母娘が、真実を指摘したジュリアーニ元NY市長を名誉毀損で訴えた裁判では、この嘘つき母娘が勝訴して、ジュリアーニ市長は1億4816万90

00ドルの損害賠償金を支払うことを命じられ、破産に追い込まれました。

娘は、警官に問いただされたときに、自分が不正行為を犯したことを認め、その一部始終がビデオに録画されていたにもかかわらず、裁判で勝訴したのですから、アメリカの司法制度は腐りきっている、としか言い様がありません。

実は、この裁判が始まる前に、バイデンはこの母娘をホワイトハウスに招待し、大統領市民勲章を授与しています。悪者に名誉を与えて、善人と思わせるサイオプは、カバールの常套手段！　人身売買斡旋《あっせん》人のアウン・サン・スー・チーや人殺しのオバマにノーベル平和賞を与えるのと同じです。

◆2020年の選挙不正を事前に予測していたトランプ大統領

トランプ大統領は、これらの裁判に関して、「私が出馬してから、大昔の容疑が蒸し返されて訴追された。裁判で私の時間を奪い、私を傷つけ、私が当選する確率を下げるための選挙キャンペーン妨害行為、選挙干渉だ！」と、インタビュー、スピーチ、トゥルース・ソーシャルで、繰り返し怒りのコメントを発しています。

裁判には、巨額の弁護料が必要です。トランプ大統領が支払うその費用は、裁判がなければ選挙資金に回せたお金なので、裁判は間接的な選挙妨害と言えます。さらに、トランプ大統領はニューヨーク、フロリダ、ワシントンＤＣ、ジョージアの裁判所に出頭しなければならず、その間は選挙活動ができないので、これは明らかに選挙妨害です。

トランプ大統領を起訴した連中を陰で操っているのはカバールで、カバールの資金源はアメリカだけではありません。

ここで、２０１８年８月12日にトランプ大統領が発行し、バイデンが毎年更新している〝外国によるアメリカの選挙干渉を国家安全保障に対する深刻な脅威として厳しく罰するための大統領令〟を思い出してください。

２０２３年９月７日に、バイデンのホワイトハウス・オフィシャル・サイトに掲載された、更新通達にはこう記されています。

プレス・リリース：米国の選挙に対する外国からの干渉または国民の信頼を損なう行為に関する国家非常事態の継続に関する通知

２０１８年９月12日、大統領は大統領令１３８４８により、国際緊急経済権限法に基づき、合衆国の選挙に対する外国からの干渉または国民の信頼を損なう脅威が生み出す、国家安全保障および外交政策に対する異例かつ異常な脅威に対処するため、国家非常事態を宣言した。

米国の選挙において、外国勢力が投票結果や集計を改竄したという証拠はないが、外国勢力は歴史的に、米国の自由で開かれた政治制度を悪用しようとしてきた。近年、デジタル機器とインターネットを利用した通信の普及は、重大な脆弱性《ぜいじゃく》を生み出し、外国からの干渉の脅威の範囲と強度を拡大している。選挙や選挙運動のインフラへの不正アクセスや、プロパガンダや偽情報の秘密裏の配布を含め、米国の選挙を妨害したり、合衆国の選挙に対する国民の信頼を損なったりする米国外にいる者の能力は、米国の国家安全保障と外交政策にとって、異例かつ異常な脅威であり続けている。

このため、2018年9月12日に宣言された国家非常事態は、2023年9月12日以降も効力を継続しなければならない。したがって、国家緊急事態法（50 U.S.C. 1622(d)）の第202項に従い、私は、合衆国の選挙に対する外国からの干渉の脅威または国民の信頼を損なうことに関し、大統領令第13848号で宣言された国家緊急事態を1年間継続する。

この文書を読めば明らかですが、トランプ大統領は2018年の時点で、すでに2020年の選挙に外国が干渉することをしっかり予期して、前もって手を打っていたのです。

ジョージアの裁判で、不正が証明された後、不正をしまくったカバールの手下ども、さらに、今、トランプ大統領を起訴して間接的な選挙干渉をしている連中が、この大統領令によって裁かれ、資産没収などの厳しい裁きを受けるでしょう。

◆あまりにひどい米司法制度の腐敗

さて、前出の起訴の他、トランプ大統領は、ニューヨークでE・ジーン・キャロルという1943年生まれの女性から名誉毀損で訴えられていました。2019年に、キャロルが、「1990年代半ばにNYの高級デパートでトランプにレイプされた！」と主張した後、トランプ大統領が、「見たことさえない女だ。第一、僕の趣味じゃない」と発言し、キャロルはこのコメントを名誉毀損で訴えていました。陪審は、トランプ大統領がレイプした証拠はない、としたものの、トランプ大統領のコメントは名誉毀損と認め、トランプ大統領に8330万ドルの賠償金の支払いを命じる判決を下しました。

そもそも約30年前のレイプ容疑を起訴できることになったのは、2022年にニューヨーク州が、「レイプ被害者は従来の時効に関係なく、いつでも容疑者を訴えられる」とするアダルト・サヴァイヴァーズ法を制定したからです。この法律は、あたかも、キャロルの訴訟を可能にするために作られたようなものでした。

しかも、キャロルに経済支援をしている民主党大口献金者、リード・ホフマンは、ロシア疑惑をでっち上げたフュージョンGPSやニッキー・ヘイリーの資金源でもあり、おまけに、エプスタイン島にも行っていました。

キャロル自身も、「ほとんどの人は、レイプはセクシーだと思ってると思う」とコメントしたり、キャロルが裁判で、「1994年にレイプされたときに着ていたドレス」として提示したドナ・キャランのドレスは、当時はまだ作られていなかったことも判明しました。さらに、証拠として提示することを命じられたEメールを消去し、アメリカで最も厳しい銃所持法を誇るニューヨークで、許可証なしに銃を不法所持していることも発覚しましたが、判事はキャロルを批判するどころか、徹底的に庇護していました。

そのため、この裁判でも、司法制度のあまりに露骨なダブル・スタンダードが浮き彫りになって、普通の人々が司法制度の腐敗に気づくきっかけを作ってくれました。

トランプ大統領は、スピーチやトゥルース・ソーシャルのコメントで、何度も、ジャスティス・ディパートメント（司法省、ジャスティス＝正義）のことをインジャスティス・ディパートメント（不正省）と呼んでいます。これも、お見事なサイオプで、今ではアメリカ人の多くが、ジャスティス・ディパートメントにジャスティス（正義）はない、と思っています。

また、トランプ大統領は、裁判における自己弁護の一環としてプレジデンシャル・イミュニティ（大統領の免責特権）がある、と主張しています。

アメリカ大統領は、在任中に訴追された場合、大統領としての任務に支障が来《きた》されることを阻止するために、絶対的な免責特権が与えられています。しかし、在任中に逮捕や起訴からの刑事免責特権も享受しているかどうか、あるいは退職後も免責特権を行使できるかどうかは、法的には未検証です。

そのため、検察側もトランプ側も、最高裁に免責特権の有無に関する判決を出してもらって、その判決に従うしかありません。

2023年晩秋から私がこの原稿を書いている2024年1月の段階では、トランプ大統領が何度も繰り返し「私には免責特権がある！」と主張する度に、大手メディアや左派コメンテイター、民主党議員、RINO（Republican in name only ライノ、名ばかりの共和党議員）は「誰も法の上に立つことはできない！　退職後の元大統領には免責特権はない！」と叫んでいます。

実は、これも、CIAをしのぐトランプ大統領のサイオプです。トランプ大統領は、何も悪いことはしていないので、どれほど捜査されようが痛くもかゆくもありません。それでも、わざと、捜査されたくないふりをして、免責特権を行使したい、と見せかけているのはなぜでしようか？

それは、トランプ大統領が免責特権を主張すればするほど、左派がやっきになって免責特権を奪おうとすること、そして、大手メディアが「元大統領といえども、法に従って、裁きを受けなければならない！」と、かき立てることを知っているからです。

トランプ大統領は、こうして布石《ふせき》を置き、最高裁で「元大統領には免責特権がない」という判決が出た後に、クリントン、ブッシュ、オバマ、バイデンの罪をさらし、元大統領たちを訴追し、処刑しよう！、と計画しているのです。

大手メディアは、民衆はバカだと高をくくっていますが、洗脳されつくして昏睡《こんすい》状態から覚めない左派以外は、司法やメディアのダブル・スタンダードにしっかり気づいています。ですから、今、さかんに「誰も法の上に立つことはできない！」と絶叫しているマスコミやカバール派の連中が、オバマなどの元大統領の罪が明らかになった後に、元大統領を守ろうとする発言をしたら、民衆から、「あまりにもひどすぎるダブル・スタンダードだ！」と、非難されるだけです。

つまり、トランプ大統領は、カバール派の連中に、徹底的に大統領の免責特権を否定させ、後に引けない状況に追い込んでいるのです。

トランプ大統領のお見事なサイオプに拍手を送りましょう！

第2章　銃所持・携帯権

◆米国民に保障された〝武器を取って悪い政府と戦う権利〟

カバールがいまだにアメリカを倒せない最大の理由は、アメリカの成人の約3割が銃を所持しているからです。

私の本を初めて読む方のために、合衆国憲法補正第2条をもう一度おさらいしておきましょう。

1776年7月4日、アメリカの独立記念日に批准された独立宣言にはこう記されています。

　われわれは、以下の事実を自明のこととみなす。すべての人間は生まれながらにして平等であり、その創造主によって、生命、自由、および幸福の追求を含む不可侵の権利を与えられている。こうした権利を確保するために、人々の間に政府が樹立され、政府は被統治者の合意に基づき正当な権力を得る。いかなる形態の政府であれ、政府がこれらの目的に反するようになったとき、人民は、政府を改造または廃止し、新たな政府を樹立し、人民の安全と幸福をもたらす可能性が最も高いと思われる原理を基盤として権力を組織する権利を有する。（中略）
政府の権力乱用と権利侵害が、常に同じ目標に向けて長期にわたって続き、人民を絶対専制の下に置こうとする意図が明らかであるときには、そのような政府を捨て去り、自らの将来の安全のために新たな保障組織を作ることが、人民の権利であり義務である。

この12年後、１７８８年に合衆国憲法が発効され、１７９１年に権利章典（補正第１条から補正第10条）が批准されました。

補正第１条は、信教・言論出版・集会の自由を保証する条項です。そして、信教・言論出版・集会の自由を有する権利を守るために付け加えられたのが、銃所持権・携帯権を保証した補正第２条なのです。

補正第２条には、こう記されています。

A well regulated militia being necessary to the security of a free State, the right of the People to keep and bear arms shall not be infringed.

よく訓練された民兵は自由な国の安全保障にとって必要なので、国民が武器を所有し携帯する権利を侵害してはならない。

a well regulated militia は、「厳しく規制された民兵」という意味ではありません。現代英語のレギュレイトは「規則や法律によって取り締まる、規制する」という意味ですが、アメリカ建国時代の英語では、レギュレイトは「整然とさせる、統制する」という意味で使われていました。ですから、このフレーズは、「レギュラーに存在する軍隊（正規軍）同様に整然と訓練された民兵」という意味です。

同じ単語でも時代によって意味が異なります。枕草子の〝ありがたきもの〟が〝感謝すべきもの〟ではなく、〝めったにないもの〟のことであるのと同じです。

建国時代のアメリカには正規軍が存在しなかったので、独立戦争で戦った人々は皆、整然と訓練された民兵でした。つまり、補正第2条は、アメリカ人全員の武器所持・携帯権を保障している条項なのです。

武器も guns ではなく arms なので、銃のみならず、あらゆる武器を指しています。

独立宣言と補正第2条を併せてみると、「カバールの手下が侵略したアメリカ政府が長期間に渡って国民を苦しめているので、その政府を倒して新政府を樹立するために、国民は武器を取って戦う権利と義務を持っている」という全体像が浮かび上がってきます。

独立宣言と合衆国憲法で保障された権利を国民が行使することを恐れるカバールは、必死になってアメリカ人から銃を没収しようとして、特にオバマ時代にはサンディ・フック小学校の銃乱射事件などの偽旗《にせはた》工作が繰り返されました（詳細は『フェイクニュース・メディアの真っ赤な嘘』参照）。

バイデン政権も、偽《にせ》銃乱射事件を起こしては「もっと厳しい銃規制が必要だ！」と叫び、再三再四 assault weapons 攻撃用武器の販売・使用を禁じる法案を通そうとしています。

左派が特に〝人殺し専用の恐ろしい攻撃用武器〟として目の敵《かたき》にしているのは、AR－15という比較的軽い半自動ライフルですが、この銃はハンターの間で人気があり、テキサスでは女の子もピンクのAR－15で射撃の練習をしています。ですから、銃所持権支持者は誰一人〝AR－15は人殺し専用の恐ろしい攻撃用武器だ〟とは思っていません。

しかし、銃規制派の人々は銃を見たこともなければ、手にしたこともなく、ましてや撃ったこともないので、〝攻撃用武器〟がどんなものなのか定義することさえできません。USAトゥデイの記者は、「AR－15は簡単に改造でき、銃身にチェーンソーを装着することもできる」と報道し、補正第2条支持派から、「AR－15の銃身に、水素爆弾やライトセーバー、恐竜を装着することもできるよ！」とからかわれました。

銃規制派の人々は銃を見たこともなければ、手にしたこともなく、ましてや撃ったこともないので、銃所持権支持派から、「AR-15の銃身にはチェーンソーや水素爆弾やライトセーバー、恐竜だって装着できるよ」とからかわれている

https://www.businessinsider.com/usa-today-chainsaw-bayonet-rifle-2017-11

このように、銃規制を声高に叫んでいる左派のエリートたちは銃に関する知識が完全に欠落しているので、銃所持権支持派と理性的なディベートができないのです。

バイデンも、補正第2条をわざと曲解して、ことあるたびに「補正第2条は大砲の所持は禁じている」と、大嘘をつき、銃規制支持者がこの嘘を鵜呑《うの》みにしているため、銃所持派と規制派の溝は深まるばかりです。

しかし、ソロスのカネで当選した極左地方検事たちが犯罪者に甘い政策を採ったせいで暴力的な犯罪が増え続ける左傾都市では、護身のために銃を買う人が増え、たびたび起きる銃乱射事件（ほとんどが偽旗工作）も護身用の銃の価値を見直す反面教師と化し、カバールの政策はことごとく裏目に出ています。

◆2023年の銃規制裁判は銃所持派の圧勝

2023年11月に行われたNBCの世論調査では、回答者の52パーセントが、「自分自身、あるいは家族の誰かが銃を所持している」と答え、これはアメリカ史上最高の銃所持率です。民主党支持者のみの内訳を見てみると、2004年の段階で「自分自身、あるいは家族の誰かが銃を所持している」と答えた人は33パーセントでしたが、2023年には8パーセントも増えて41パーセントになっています。これは、銃所持派にとっては大きな勝利です！

２０２３年暮れには、裁判でも、次々に銃所持派が勝利を収めました。

まず、11月8日、テキサス州アマリロ地区の連邦判事が、バイデン政権のATFアルコールたばこ火器爆発物取締局が規定したAR－15型ピストル禁止令に、違憲判決を下しました。

次の日、11月10日には、第5上訴裁判所（管轄州はテキサス、ルイジアナ、ミシシッピー）の3人の判事が、ゴースト・ガン（オンラインで買ったパーツで組み立てた銃）の所持を禁じたATFの規則に違憲判決を下しました。3人ともトランプ大統領が任命した判事で、「行政機関が法律を作る行為は、立法府が憲法の下で果たす主要な機能と、政府における国民の公正な代表権を奪うものである。行政機関に法律を制定する権限はない」と、ATFの越権行為を厳しく批判しました。

11月21日には、第4上訴裁判所（管轄州はメリーランド、ノース・カロライナ、サウス・カロライナ、ヴァージニア、ウェスト・ヴァージニア）が、「通常の身元調査の他に、さらに厳しい身元調査を通過し、銃の安全使用に関するビデオを見て勉強した人以外は銃を購入できない」とするメリーランド州の銃規制法に違憲判決を下しました。この法律は、サンディ・フック小学校の銃乱射事件（オバマが仕組んだ偽旗工作で実は誰一人死んでいない）の直後に制定されたものでした。

12月8日には、第2上訴裁判所（管轄州はニューヨーク、ヴァーモント、コネチカット）が、教会が信者に護身用の銃の携帯を勧めることを禁じ、銃購入者のSNS使用歴を役所に提示させることを義務づけたニューヨーク州の銃規制法に違憲判決を下しました。

12月20日には、公共の場での銃携帯を禁じたカリフォルニア州の銃規制法に、連邦判事が暫定的差し止め命令を下し、「憲法補正第2条に反し、最高裁に公然と反抗している」と、酷評しました。

銃所持者の増加、そして、裁判での相次ぐ勝利を目《ま》の当たりにした中道派と保守派の人々は、「トランプ大統領がわざとカバールにやりたい放題やらせて、カバールが仕切る社会がいかにヴァイオレントであるかを見せつけ、銃所持権の重要性を知らしめてくれたからだ！」と、トランプ大統領の采配に感謝しました。

同時に、一部の左派も、自分がヴァイオレンスの被害に遭うことを恐れ、護身用の銃の必要性をしぶしぶ認めるようになりました。これも、犯罪者に甘く、不法移民の大量流入を奨励するカバールの政策が治安を破壊することを、国民に体験させてくれたトランプ大統領の見事な策略のおかげです。

こうして、民主党支持者も、治安を重んじるトランプ大統領の政策に一目置くようになったのです。

第3章　犯罪者バイデン

◆盗作だらけのバイデンの演説

２０２０年の大統領選キャンペーン中は、フェイクニューズが必死になってバイデンを守っていたので、バイデンの化けの皮が剝《は》がれることはありませんでした。

しかし、その後、大手メディアは、激しいインフレの最中《さなか》に「インフレはそれほどひどくはない」、不法入国者がなだれ込んでいるのに「国境は安全だ」と、見え透いた嘘を報道し続けたせいで、２０２３年5月の世論調査では有権者の59パーセントが「マスコミは国民の敵だ」と信じていることが判明しました。

大手メディアの信頼度ががた落ちしたことと、イーロン・マスクのおかげでツイッター（X）で真実を拡散できるようになったおかげで、バイデンが筋金入りの嘘つきで、バイデン一族がバイデンの影響力を売って金儲けをしている、という事実に左派の人々も気づき始めました。

まず、バイデンは、盗作が大好きで、大学在学中に提出した15ページの論文の３分の１が、他人が書いた学術論文の盗用でした。1988年の大統領選予備選では、JFKやロバート・ケネディの演説をそのまま使ったほか、当時、英国の労働党党首だったニール・キノックの名演説を大幅に盗用していました。2人の演説を比較してみましょう。

バイデンの演説。

「バイデンの家系は、私が初めて大学に行くまで、誰も大学に行けなかったのはなぜでしょうか？　聴衆の中の、そこに座っている私の妻の家でも、彼女が初の大学進学者になるまで誰も大学に行けなかったのはなぜでしょうか？　一生懸命働かなかったからでしょうか？　ペンシルベニア州北東部の炭鉱で12時間働き、その後4時間フットボールをしていた私の先祖が努力不足だった、ということでしょうか？　そうではありません。彼らの地位を上げてくれる踏み台がなかったからです」

キノックのオリジナルを見てみましょう。

「キノック一族で私が初めて大学に行くまで、1000世代も誰も大学に行かなかったのはなぜでしょうか？　グレニス（キノック夫人の名前）が大学に行くまで、彼女の一族は1000世代に渡って誰も大学に行けなかったのはなぜでしょうか？　私たちの祖先が皆、頭が悪かったからでしょうか？　彼らには才能がなかったからでしょうか？　いや、そんなことではありません。彼らの地位を上げてくれる踏み台がなかったからです」

この盗作スキャンダルは、2020年の大統領選中は話題になりませんでしたが、2023年以降は、ニュースマックスがたびたびこの話題を取り上げ、SNSでも頻繁に話題になったので、今では大多数のアメリカ人が「バイデンは嘘つきだ」と思っています。

◆汚職まみれのバイデン一族

また、2023年以降は、共和党が多数を占める下院がバイデン一族のインフルエンス・ペドリング（影響力の行商）に関する調査を始め、バイデンが副大統領時代にさまざまな国から賄賂《わいろ》を受け取っていたことが暴露されました。バイデン一族の汚職に関する話題だけで1冊の本が書けるほどなのですが、ここでは一部だけご紹介しましょう。

【ルーマニア】

2015年9月28日、バイデン副大統領は、ホワイトハウスでルーマニアのクラウス・イオハニス大統領に会い、この会談から5週間以内に、汚職で起訴されていたルーマニア人実業家、ガブリエル・ポポヴィシウがバイデンの関係者の銀行口座に入金を始めた。バイデン一家とその関係者への総支払額は300万ドルを超える。

【中国】

2017年3月1日、ジョー・バイデン副大統領が公職を去ってから2カ月も経たないうちに、中国企業のステート・エナジーHK有限会社がバイデンの関係者の口座に300万ドルを送金した。中国のコングロマリット、CEFCの会長はハンター・バイデンに8万ドル相当のダイヤモンドを贈った。CEFCとその関連団体からバイデン家とその関係者への送金の総額は800万ドル以上。

【カザフスタン】

2014年4月22日、カザフスタンのオリガルヒであるケネス・ラキシェフは、ハンター・バイデンのローズモント・セネカ法人のひとつに14万2300ドルを送金した。その翌日（2014年4月23日）、ローズモント・セネカの事業体は、ハンター・バイデンの車を購入するために、まったく同じ金額を自動車ディーラーに送金した。ハンター・バイデンとデヴォン・アーチャーは、2014年の5月から6月にかけて、カザフスタンでブリスマ（ウクライナのエネルギー会社）の代理人を務め、ブリスマ、カザフスタン政府、中国の国有エネルギー会社の3者間取引を仲介しようとした。

【ウクライナ】

ハンター・バイデンのビジネス・パートナーであるデヴォン・アーチャーは、2014年春にブリスマの重役に就任し、その後まもなくハンター・バイデンが加わった。ハンター・バイデンは顧問弁護士として入社したが、イタリアのコモ湖でブリスマのオーナー、ズロチェフスキーと会談した後、2014年春に重役に昇格した。バイデンとアーチャーは、それぞれ年間100万ドルの報酬を得ていた。2015年12月、ズロチェフスキーの汚職調査に拍車がかかり、ハンター・バイデンはワシントンDCに電話をした。ズロチェフスキーはその後、自社に対する調査を遅らせるか取り下げさせようと、ウクライナ政府高官に600万ドルを贈賄した罪で起訴された。ウクライナからバイデン家とその関係者に総額650万ドル支払っていた。

【ロシア】

2014年2月14日、ロシアのオリガルヒでロシアで最も裕福な女性、イェレナ・バトゥリーナがローズモント・セネカに350万ドルを送金した。75万ドルがデヴォン・アーチャー、残りはデヴォン・アーチャーとハンター・バイデンが作った会社、ローズモント・セネカ・ボハイに渡った。2014年春、イェレナ・バトゥリーナはハンター・バイデンとデヴォン・アーチャーとともに、ワシントンDCのレストランで当時のバイデン副大統領と食事をした。ロシアからバイデン一家とその関係者への送金総額は350万ドルに上る。

デヴォン・アーチャーは、「ジョー・バイデンの影響力を取引していた」と、影響力の行商人だったことを認めていた。

バイデン一族は、カネの流れを追及しにくくするために、20以上の幽霊会社を隠れ蓑《みの》として使っていた。そのうちの16社は、ジョー・バイデンが副大統領在任中に設立された有限責任会社で、外国人とその関連会社から1000万ドル以上を受け取っていた。

ジョー・バイデンは「家族のビジネスに関しては何も知らないし、話もしない」と、少なくとも16回嘘をついていた。

これらの事実は、フェイクニュースではまったく報道されませんでしたが、SNSで拡散され、大半のアメリカ人が、「もし、トランプやトランプの息子たちがこんなことをしていたら、マスコミは大騒ぎをして、司法省やFBIも動いていただろう！」と、政府機関、およびマスコミの激しいダブル・スタンダードにあきれかえりました。

◆大手メディアのダブル・スタンダード

さらに、2024年1月には、ハンター・バイデンに500万ドル貸していたハリウッドの大富豪、ケヴィン・モリスが、ハンターの絵画をオークションで買い取っていたことも分かりました。モリスは民主党政治家への大口献金者であるとともに、中国が投資している株式ファンドとつながりがあり、ハンターが下院の召喚状を無視して記者会見を開いたときも、ハンターの後ろに立っていました。

カネの流れを見る限り、モリスは中国のロビイストとして、ハンター・バイデンから父親の影響力を買っている、としか思えません。しかし、大手メディアではほとんど話題になっていないどころか、ハンターを守る左派コメンテイターたちばかりがフィーチャーされています。

ロシア疑惑の最中、トランプ大統領の2人の息子たちが下院の委員会に召喚されたとき、大手メディアは、「大統領の息子たりとも、法に従わねばならぬ！」と言い続け、ドン・ジュニアもエリックも委員会の調査に応じました。また、彼ら2人が仕切っている（＝トランプ大統領は一切関与していない）ワシントンDCのトランプ・ホテルに外国の要人たちが泊まるたびに、民主党議員や大手メディアは「エモリュメンツ・クローズ（政府の人間は外国［人］から報酬をもらってはいけない、という憲法の条項）に違反する違憲行為だ！」、と叫び続けました。トランプ大統領は実際に訴えられ、裁判に対応するために、弁護士に巨額の費用を払うことを余儀なくさせられました（バイデン政権発足直後の2021年1月25日、最高裁が「トランプはすでに一般人なので、この訴訟は無意味だ」という判決を下しました）。

エモリュメンツ・クローズで訴えられたトランプ大統領と、汚職・贈収賄常習犯なのにおとがめなしのバイデン一族。このコントラストで、激しいダブル・スタンダードが浮き彫りになり、アメリカ人のマジョリティがフェイクニューズと司法機関の欺瞞に怒りを感じるようになりました。

一方、バイデン（のマスクをかぶったアクター）は、２０２４年1月19日、有権者の大多数が不法入国者乱入に反対していることが分かった後に、「わしゃ、ここ10年、ずっと国境が警備されとらん、と言い続けてきたぞ」と、発言しました。バイデン政権の要人もバイデン自身も、それまでずっと、「国境はしっかり警備されている」と言っていたことは、過去のリポートのビデオで明らかに証明できるというのに‼

ここまで堂々と、平然と大嘘をつくバイデンに、不法入国者のせいで実質的な被害を体験している人々が激怒しました。また、インフレが悪化し、不法入国者による侵略が激化し、イスラエル紛争が始まり、ウクライナ紛争が長引いていた２０２３年は、アメリカにとって最悪の年だったのですが、バイデンは国民のために働くどころか、1年のうちの37パーセントはビーチや豪邸で休養していた事実も、ＳＮＳで拡散されました。

こうして、民主党派の人々の間でも、バイデンの支持率がどんどん低下していきました。

第４章　過剰なグリーン化対策

◆次々と明らかになる電気自動車の不都合な真実

バイデン政権、及び、民主党の知事たちは、「地球温暖化、気候変動が最大の脅威だ！」と、繰り返し訴えて、過剰なグリーン化政策をごり押ししました。

その結果、すでにインフレで苦しんでいる人々に、さらなる経済負担が課せられたため、ごく普通の人々が「こんなにカネがかかるのはおかしい！」と思い、グリーン化政策が実は資金洗浄の道具だった、と気づき始めました。

極左以外のアメリカ人を最も怒らせたのは、バイデン政権の電気自動車押しつけ政策でした。テスラを始めとする電気自動車は、オバマ政権時代から「環境に優しい未来を築くための必需品！」と謳われ、今でもセレブもさかんに電気自動車の効用を宣伝しています。

カリフォルニア州知事も務めたアーノルド・シュワルツェネッガーも、電気自動車ヴァージョンのハマーに乗って、自分が環境保護派であることをアピールしています。２０１９年に、スウェーデンの環境活動家、グレタ・トゥーンベリがカナダでレクチャーを行ったときには、シュワルツェネッガーがグレタにテスラを貸し、この話題はプライムタイムのニュース番組でも大きく取り上げられていました。

セレブのプッシュの甲斐《かい》もあって、都会の人々の多くが電気自動車に興味を持ち、ガソリンと電気のハイブリッド車を買う人も増えたのですが、2022年以降は、電気自動車にはかなり弊害があることが分かってきました。

まず、2022年9月、石炭の産地として知られるウェスト・ヴァージニア州のタッカー・カウンティで、バッテリーが切れて動かなくなった電気自動車を5人の炭鉱夫が押している映像がローカル・ニュースで話題になりました。

ワシントンDCから来たツーリストが乗った電気自動車が、バッテリーが切れて立ち往生し、援助を求める電話をかけたものの、車体がプラスチックで牽引車が使えなかったため、近くの炭鉱で働いていた5人の炭鉱夫が炭鉱会社まで車を押していき、そこで充電した、ということなのです。

動かなくなった電気自動車を、環境保護派が敵視している炭鉱夫が押す、というアイロニーは、保守派の間で大ウケして、フォックス・ニュース、ニュースマックスなどのケーブル・チャンネルや、保守派のオンライン・ニュースで大きな話題になりました。

これがきっかけとなり、SNSで、「電気自動車に必要な電力の供給源は、6割が化石燃料、原子力が18パーセントで、再生可能エネルギーは21パーセントに過ぎない」という事実が拡散されました。そして、「電気自動車に乗っても、やっぱり化石燃料を使ってるんだぁ！　電気自動車って、環境保護をしてる気分になるだけの自己満足だったのか！」と、気づく人が続出しました。

アメリカの3大リベラル都市の1つ、ニューヨークの住人も、電気自動車の弊害を身をもって体験しました（リベラル都市トップ3は、ボストン、ロスアンジェルス、ニューヨークです）。

2022年の暮れから2023年の4月にかけて、ニューヨーク市は電気除雪車を使っていたのですが、電気のパワーだけでは除雪作業ができないことが分かり、2023年の暮れ以降は昔ながらのディーゼルの除雪車に戻すことにしました。

このニュースは、大手メディアではまったく扱われませんでしたが、雪で身動きができなくなった住人たち、つまり、アメリカで最もリベラルな人々の間ではイヤでも話題になって、彼らはSNSで「電気自動車はパワーが足りない」という不都合な真実を拡散しました。

〝フライト・フェイマス〟というハンドルのカナダの伐採業者が、電気トラックの無能ぶりを説明した「TikTok」のビデオも、SNSで大々的に拡散されました。「1日ちゃんと作業するためには3メガワットの電力が必要だから、5万ポンドの重さのバッテリーを搭載しなきゃならない。あり得ない重さだよ」という彼の一言には、文字通り重みがありました。

ニューヨークの除雪車の話題とカナダの伐採業者のビデオのおかげで、アメリカ人の多くが「電気自動車は自家用車としては役だっても、力仕事をする車には、やはりまだ化石燃料が必要らしい」と気づきました。

２０２３年11月には、グーグルの電気バスが、サンフランシスコの坂道を上がっている途中でバッテリーが切れて、坂を下り落ちて、道路の脇に駐車していた2台の車にぶち当たって止まる、という事件が起きました。

カバールの偽情報拡散機関であるグーグルの電気バスの失態は、電気自動車がいかに無能であるかを示す象徴的な出来事だったので、ＳＮＳで大拡散され、環境保護派もバッテリーのパワーに限界があることをしぶしぶ認めざるを得なくなりました。

ほぼ同じ時期に、ウォール・ストリート・ジャーナル紙が、「電気自動車はガス自動車とは燃焼方法が異なる。消防士や研究者によると、ＥＶ火災は長引き、消火が難しく、再燃しやすい。ガソリン車の火災では通常５００ガロンから１０００ガロンの水が必要だが、電気自動車には何時間にも渡って4万５０００ガロンの水をかけないといけない」と伝えました。

これで、電気自動車の安全性も、疑問視されるようになりました。

しかし、電気自動車に関して何よりもアメリカ人を怒らせたのは、２０２３年9月12日に起きた〝エネルギー長官、充電装置独り占めスキャンダル〟でした。

これは、バイデン政権のエネルギー長官、ジェニファー・グランホルムが乗った電気自動車の充電装置を確保するために、ガソリンで走る車に乗った部下が充電スタンドを占領し、グランホルムが到着するまで他の人が充電装置を使えないようにした、という事件です。

充電するために充電スタンドを訪れた女性ドライヴァーが、ガソリンで走る車が充電装置の前に止まって、自分の充電を阻んでいたので、警察に通報したため、フォックス・ニュースやニュースマックスで大きな話題になりました。

このスキャンダルは、電気自動車そのものの評判を落とすものではありませんでしたが、充電に時間がかかることや、充電スタンドの数が少ない、などの電気自動車のネガティヴな側面にスポットライトが当たってしまいました。

こうして、電気自動車の欠点が目立つようになった最中に、「自然なCO_2排出量は人工排出量の約6倍」という調査結果が発表され、ごく普通の人々が、「だったら、それほど躍起になって排気ガスを取り締まる必要はないから、電気自動車なんて要らないんじゃない?」と、気づきました。

◆環境保護派の〝学説〟は事実に即していない

そんな矢先、エディンバラにある英国生態水文学センターの大気物理学者、ニコラス・コーワン博士が、「呼吸は環境に悪影響を与える」と、発表!!

コーワン博士は、こう警告しています。

「人間が吐き出すガスは、英国の温室効果ガス排出量の0・1パーセントを占めている。人間の呼気には、CO_2よりも強力な2つの温室効果ガスが含まれている。ひとつはメタンで、牛などの家畜からも排出されることで有名である。私たちが吐き出す空気に含まれるメタンと亜酸化窒素は、英国の温室効果ガス排出量の0・1パーセントを占めている。これは、ゲップやオナラから排出されるガスや、気づかないうちに皮膚から排出されるガスを考慮に入れてもいない。吐き出された人間の呼気には、地球温暖化の原因となるメタン(CH_4)と亜酸化窒素(N_2O)が少量、高濃度で含まれている可能性があります。人間が排出する量は取るに足らない、と推測すべきではない」

私はヴェジタリアンなので。メタン・ガス排出防止のために牛肉を食べることをやめることには大賛成です。でも、熱狂的な環境保護派の人々さえも、環境保護のために呼吸をやめろ、

2023年12月2日、地球温暖化防止のためにアラブ首長国連邦のドバイで行われた国連の気候変動サミットに行く予定のプライヴェート・ジェットが、寒波で大雪に見舞われたドイツの空港で雪に埋もれて動けなくなった。気候変動サミットにプライヴェート・ジェットで行くな！

https://twitter.com/aviationbrk/status/1730942109878788504

と言わんばかりの科学者の警告には、「そりゃ、ちょっと行き過ぎでは？」と眉をしかめ、遂に「環境保護派の〝学説〟は鵜呑みにしないほうがいいかも」と思うようになりました。

そして、コーワン博士の警告が話題になったとき、すでに目覚めた人々が気候変動学者、ジュディス・カリーの左記のコメントをＳＮＳで拡散しました。

「国連のＩＰＣＣ（気候変動に関する政府間パネル）が中心となった気候変動業界が、人為的要因が危険な気候変動を引き起こしている、と言う科学者にのみ資金援助をして、〝気候変動危機は、圧倒的多数の科学者のコンセンサスだ〟と、コンセンサスを捏造《ねつぞう》しています。気候変動の脅威を煽る科学者のみがロック・スターのようにもてはやされ、事実に即した調査結果は日の目を見ません。学術誌の編集者も、皆、ＩＰＣＣの息がかかった人ばかりなので、掲載してもらえないのです」

２０２３年12月には、〝トランプ大統領が仕組んだ目覚まし作戦〟としか思えないような出来事が続出しました。シープルが唖然とし、目覚めかけた人々が激怒し、すでに目覚めた人々が大爆笑した出来事を、いくつかおさらいしておきましょう。

12月２日、地球温暖化防止のためにアラブ首長国連邦のドバイで行われた国連の気候変動サミット（気候変動枠組条約締約国会議）に行く予定のプライヴェート・ジェットが、寒波で大雪に見舞われたドイツの空港で雪に埋もれて地面に凍り付き、動けなくなっていた。

12月3日、気候変動サミットの会長、アラブ首長国連邦のスルタン、アル・ジャベールが、「〝世界の気温上昇を1・5℃に抑えるために化石燃料の段階的廃止が必要だ〟と示す科学的根拠はない。化石燃料を廃止したら持続可能な発展などできない。世界を穴居人《けっきょじん》の暮らし方に戻したいのなら話は別だが」と、本音を漏らしてしまった。

12月6日、ニューヨーク市は、交通渋滞時（平日の午前5時から午後9時、週末は午前9時から午後9時まで）の道路使用者に、自家用車は1日15ドル、トラックはサイズに応じて1日26ドルから36ドル、バイクは1日7ドル50セント支払わなければならない、という方針を発表。

12月7日、デラックス・リムジンで送迎されているIMF会長が、「化石燃料使用禁止のインセンティヴとして、炭素税をもっとどんどん高くしなさい！」と各国に命じた。

12月8日、ドバイの気候変動サミットで、「環境保護のために肉食をやめろ」と主張していた要人たちが、グルメ・バーガーやバーベキューを食べていた。

12月9日、温暖化防止のためにガスレンジ使用禁止を強要しているミシガン州知事、グレッチェン・ホイットマーが、自宅のキッチンで料理をしている映像をSNSで披露し、自分の家ではちゃっかりガスレンジを使っていることがバレてしまった。

12月11日、中国ですでに実施され、欧米でも近々導入される〝環境に優しい15分の都市〟は、至るところに監視カメラが設置され、顔認知システムであらゆる動きが偵察・制御され、政府の許可なしには友達に会うこともできない警察国家だ、と判明した。

どれも、風刺やパロディのサイトが流した笑いをとるための偽ニュースかと思えてしまうほど〝ありえない〟ニュースですが、すべて大マジの本物のニュースなのです！

15分の都市は、〝車が必要ない〟というのが一番のセールス・ポイントですが、たとえ政府の許可を得て電気自動車を使って15分の都市の外に出られたとしても、どこまで遠出できるか分かったものではありません。２０２１年にバイデン政権が「２０２６年からすべての車に、飲酒運転などの予防のためにリモコンで車を止められるキル・スイッチ設置を義務づける」と制定したので、２０２６年以降は、政府が勝手に車を止めることができるからです。

２０２３年10月に、ＷＥＦ世界経済フォーラムのクラウス・シュワブは、「２０３０年までには、運転手のいない車が人々を送迎し、ロスアンジェルスは自家用車が存在しない街になり、高速道路は公園になります」と、宣言しました。カバールの親方、シュワブの容貌とドイツ語なまりの英語は、まさしく００７映画の悪役そのものです。おかげで、ほんのちょっとだけ目覚めかけた人々も、「シュワブが熱心に自家用車廃止を説いている理由も、環境保護のためではなく、人々の行動範囲を制限するためだ！」と、気づきました。

◆環境保護を隠れ蓑にエリートたちが資金洗浄

過剰な温暖化防止政策を実現するためには莫大な費用がかかるため、感情的には環境保護に大賛成のリベラル派も、自分の家計が苦しくなった段階で「そこまでやらなくてもいいのでは？」と思うようになりました。〝家計が苦しくなる時点〟は、個人の収入に応じて異なりますが、2023年暮れには大手メディアもインフレと不況の悪影響を隠しきれなくなり、光熱費が上がったため、中産階級のリベラル派が遂に「バイデン政権の環境保護政策はおかしい！」と気づきました。

グリーン化政策が高くつくことを最も雄弁に物語ってくれたのは、ニューヨークのエンパイア・センター・フォー・パブリック・ポリシー（公共政策を分析する非営利機関）が行ったグリーン化政策の分析結果でした。2023年11月8日に発表された調査結果は、〝コールド・リアリティ〟というタイトル通り、過剰グリーン化政策の冷たい現実を浮き彫りにしてくれました。

特にニューヨーカーを驚かせた部分をご紹介しましょう。

「住宅所有者や家主を電気暖房に誘導するニューヨークの計画は、高いコストと現実的な懸念のために裏目に出る可能性がある。電力によるヒートポンプの設置や建物の外壁の耐候補強にかかる費用は1万4600ドルから4万6200ドルで、たとえ州や連邦政府の補助金があったとしても、多くの住宅所有者に大きな経済的負担を強いることになる。暖房のために電力を使うことは州の送電網に大きな負担をかけ、よりクリーンな非化石燃焼エネルギーを使用するという目的にそぐわない」

この調査結果は、ブライトバートなどの保守派のニュース・サイトやニューヨーク・ポスト紙でも紹介されたため、ニューヨーカー以外の人々も〝1万4600ドルから4万6200ドル〟という値段を見て、唖然としてしまいました。もちろん、この数字は、物価が高いニューヨークだからこそなのでしょうが、ミシガン州やペンシルヴァニア州などの大統領選激戦州に住むリベラル派の人々も、「バイデン政権が同じような方針をとったら、3万ドルを捻出しなきゃならないことになる！」と、おののきました。

ニューヨークやカリフォルニアなどのリベラルな州は、カバールのテスティング・グラウンド（実験場）です。カバールは、最終的に実現させたい政策を、まずリベラル派が強い州で試験的に実施して、州民の反応に応じてオリジナルの政策を調整し、より受け入れられやすい政策をつくりあげていきます。

カバールのやり口を知っている目覚めた人々は、この調査結果を見て、「こんな非道なグリーン化政策をやめさせるためにも、絶対にトランプ大統領を復帰させなければならない！」と、決意しました。

オバマ政権誕生直後に、オバマに巨額の政治献金をした夫婦とつながりがあるソーラー・パネル会社、ソリンドラが5億ドル以上の政府援助金を獲得し、すぐに潰れたことは、まだ記憶に新しいところです（詳細は『アメリカ衰退の元凶バラク・オバマの正体』参照）。

バイデン政権下でも、これと同じようなことが繰り返され。カネの動きを追及する記事が保守派のニュース・サイトに掲載され、ＳＮＳで拡散されました。

２０２３年暮れに保守派の間で話題になったトピックをいくつかおさらいしておきましょう。

まず、11月28日に、ＷＥＦが、２０５０年までに地球温暖化ガスが出ない世界を作るために、世界中の国々のあらゆる産業が支援金を出すべき、と宣言して、オフィシャル・サイトに、こう書き込みました。

「私たちはクリーン電力と電化、水素、炭素回収利用貯蔵ソリューション（ＣＣＵＳ）と、電力の需要を満たすためのインフラを構築するために、およそ13兆５０００億ドルが必要になると見積もっています」

ＷＥＦのメンバーは選挙で選ばれたわけではなく、自分たちで勝手に世界のリーダーを気取っているだけの身勝手な連中です。そいつらが勝手に「13兆5000億ドル必要だ！」と言っていることに、保守派はあきれかえりました。

12月5日には、ゲイトウェイ・パンディットが、こう伝えました。

「2021年、民主党が多数党である議会は、電気自動車の充電器を全国に設置するための費用としてジョー・バイデンに75億ドルを与えたが、2年経っても充電器はひとつも設置されていない。ニューヨーク・タイムズ紙は2021年に、『インフラ』法案の1兆2000億ドルは8年間で使われ、5500億ドルが道路、橋、鉄道、電気自動車、水道、その他のプログラムに使われる、と記していた。ガソリンを燃料とする車を禁止しようとしているバイデンは、数十億ドルを投じて何十万もの電気自動車充電器を建設すると約束したが、充電器はひとつも設置されていない」

この記事を読んで、保守派は、「5500億ドルは、いったいどこへ行ってしまったんだろう？」と首をかしげました。

12月6日には、ブライトバートがこう伝えました。

「バイデン政権は、2つの高速鉄道プロジェクトに60億ドルの連邦インフラ支出をカリフォルニア州に与えた。1つは、州政府のプロジェクトで、もう1つは、南カリフォルニアからラスベガスまでの私鉄路線である。サンフランシスコとロスアンジェルスを結ぶ〝新幹線〟は、失敗だった。３３０億ドルの費用をかけて、２０２０年までに完成するはずだったが、日の目を見なかった。セントラル・ヴァリーの部分だけは、まだ建設工事が行われているが、プロジェクト全体の費用は１１３０億ドルに膨れ上がっている。ニューサムは知事就任後数週間でプロジェクトの大半を中止し、議員たちに〝費用がかかりすぎる〟〝時間がかかりすぎる〟と伝えた。しかし彼は、このプロジェクトを実現できなかったにもかかわらず、数十億ドルの連邦資金を維持するためにトランプ政権と戦った。その後バイデン政権は資金を復活させ、現在はさらに数十億ドルをプロジェクトに追加している」

建設が進んでいないプロジェクトに、さらなる大金を投資するなんて、民間企業だったらあり得ない愚行です！　他人のカネ（納税者の血税）だから平気で無駄遣いできる、という感覚は、いかにも大きな政府にありがちな無責任な思考パターンなので、保守派は当然怒りに震え、左派もさすがにあきれました。

そして、充電器と高速鉄道の不手際は、お役所仕事の無能ぶりの象徴となり、保守派のみならず、中道派と、わずかながらも経済観を備えた環境保護派も、無駄遣いを嫌うビジネスマンのトランプ大統領のバランスがとれた環境政策を懐かしむようになりました。

12月13日には、またしてもＷＥＦが、「地球の脱炭素化とネット・ゼロ達成、自然回復のためにさらに年間３・５兆ドル必要だ」と、主張していることが分かりました。

ほんの2週間前に13兆5000億ドルも要求したばかりなのに、その舌の根も乾かないうちに、今度は年間3・5兆ドルですか？　いったいどれだけむしり取ったら気が済むんでしょうかねぇ。

ここまで巨額のカネが動いているのに、大した結果が見られないとは！

この現状を見て、理性を備えた人々が、「カネはいったいどこに消えてしまったのか？　環境保護という大義名分を悪用して、金持ちどもが資金洗浄をしているに違いない！」と気づきました。

◆グリーン化政策を止める健全なトランプ大統領の経済感覚

一方、トランプ大統領は、選挙演説のたびに「私は大統領になり次第、バイデンのグリーン化政策を中止して、アメリカ国内での石油・石炭・天然ガス掘削《くっさく》を再開し、アメリカをエネルギー自給国に戻す！」と言っています。

12月2日には、トゥルース・ソーシャルで、「アメリカは急進左派のグリーン・ニューディールに飲み込まれている国だが、グリーン・ニューディールがフェイクで、私たちを破滅に導くことを誰もが知っている」と、コメント。

12月4日には、同じくトゥルース・ソーシャルで、左記の警告を発しました。

「不正直なジョー・バイデンと民主党は、最近ドイツや他の多くの場所で学んだ教訓にもかかわらず、合衆国のすべての石炭工場を閉鎖しようとしている。中国が1週間に1つのペースで巨大な石炭発電所を建設しているというのに。合衆国自殺願望か！」

12月5日には、「明日起こるかもしれない地球温暖化で、唯一心配すべきなのは、核による地球温暖化だけだ」と発言し、環境保護よりも第3次世界大戦のほうが差し迫った危機であることを理解している人々や、グリーン化政策を疑問視する普通の人々の声を代弁してくれました。

実は、オバマ以降のアメリカでは、グリーン化政策にほんのちょっとでも反対する人々は、たちまちキャンセルされて、環境保護の科学的根拠を理解できない原始人扱いされてしまうので、ごく普通の人は村八分にされることを恐れて、本音を言えないでいました。

でも、トランプ大統領が堂々と真実を語ってくれたこと。そして、イーロン・マスクがツイッターに言論の自由を戻してくれたことで、とりあえず匿名で投稿できるSNSでは、ごく普通の人々が本音を言えるようになり、実はグリーン化政策賛成派はほんの一握りの極左の人間のみで、反対派こそが圧倒的なマジョリティであることが分かったのです。

こうして、目覚めた人々、ほんの少しだけ目覚めかけた人々、単にグリーン化政策の代償があまりにも高くつくことにうんざりした庶民たちが、「石油、石炭をアメリカ国内で採掘して、アメリカ経済を再建する！」と言っているトランプ大統領の帰還を待ち望むようになったのです。

最後に、2016年の大統領選の最中に、トランプ候補が語ったスケート・リンクに関する逸話をご紹介しておきましょう。これは、普通の人々の心を引きつけたトランプ大統領の魅力が炸裂したエピソードの1つでした。

トランプ大統領は、最小限の費用で最短期間で数々のホテルやゴルフ場を築いてきた辣腕《らつわん》ビジネスマンです。映画にもよく出てくるセントラル・パークのスケート・リンクを再建したのも、トランプ大統領でした。

このリンクは、1949年に建設されましたが、老朽化して1980年には閉ざされてしまいました。

当時のエド・コッチNY市長は900万ドルの費用をかけて2年で再建する、と発表したのですが、1300万ドルと7年を費やした後も、再建されないままでいました。

その間、当時39歳だったトランプはオフィスの窓から非効率的な仕事ぶりを見て呆れかえり、市長と交渉して、「再建作業を請け負い300万ドルの予算で6カ月で仕上げる」と約束し、実際には225万ドルの経費で2カ月早く完成させました。
以下、スピーチの一部です。

現場に行ってみると、400人もの作業員がリンクに座っていて、仕事なんかしてないんだ。30分後にリンクに戻ったんだけど、彼らはまだ仕事に取りかかってない。みんな何度も昼休みを取って、全然仕事をしてないんだ。彼らはマイアミ・ビーチから氷の専門家を呼び寄せた。でも、それは冷凍装置の専門家でリンクの氷とは別物だった。フロンを銅管に流し込む、ってことで、6マイル分の銅管を9万平方フィートのリンクに敷き詰めてるわけだ。でも、敷き詰められた銅管は夜に盗まれる、ということが繰り返された。銅管を敷けば盗まれる、ということが続き、警官を配置したんだけど、警官が休みを取ると、また盗まれるわけさ。それで何百万ドルも浪費された。

で、とにかく僕が作業を引き継いだ後、リンクに行ったら、コンクリートは敷かれてはいたんだけど、一方の端がもう一方より9インチ高くて水を注ぐと深いところと浅いところがあって、深いほうは凍らないんだ。だからコンクリートをはぎ取らなきゃならなかった。コンクリートは4インチの厚さでいいのに1・5フィートもの厚さだった。お役所仕事と民間企業の差だよ。

とにかくコンクリートをはぎ取って、新たに水平な底を作った。それで、どうしてフロンなんか使うんだ、って聞いたら、マイアミのエアコン会社の指図だって言うんだよ。アイス・リンクの氷はマイアミじゃないだろってことで、アイスホッケーのチーム、モントリオール・カナディアンズのオーナーの友達に電話してスケート・リンクの氷を作れる人を紹介してもらい、その人にNYまで来てもらった。彼は、銅管を見て呆れかえり、ゴムのホースを使いなさいと言われ、僕は銅管とは比較にならない額でゴムホースを買ってリンクに敷き詰めた。誰もゴムホースなんか盗まないから、警備費も必要なかった。

で、6・2マイル分のゴムホースを配置した。

コンクリートを敷くときは、一気に流し込んだ。市役所の仕事だと、ちょっとずつ流し込むというやり方をとるけど、僕は一気にやった。何台ものコンクリート・トラックがハーレムまでつながってたよ。2日かけて、6インチの厚さにした。そのほうが質がいいから。完璧に水平だったよ。それで、水を流して9年ぶりにすばらしい氷のアイス・リンクを再開したんだ。

労力も経費もむだ遣いが多すぎる愚かしいお役所仕事と、辣腕ビジネスマンの違いがハッキリ分かるこのエピソードは、その後、トランプ大統領の魅力の象徴となり、まだ目覚めていな

ニューヨーク市民の憩いの場、セントラル・パークのスケート・リンクを再建したのも当時39歳のトランプ大統領だ

中央がトランプ大統領

い人々をMAGA支持者が勧誘するときにたびたび引用されています。

第5章　過剰な〝ウォウク〟への反発

◆「ウォウクになると破産する！」

オバマ政権はPC（ポリティカル・コレクトネス、政治的に正しいこと）であることを最大の美徳として、人種差別や性差別などあらゆる差別をなくすために、黒人やヒスパニック、女性、同性愛者を優遇する政策を採っていました。

バイデン政権誕生後は、ウォウクであることが最大の美徳になりました。

CIAの宣伝塔、ウィキペディアの日本語版は、ウォウク woke を、こう定義しています。

「目覚めた／悟った」を意味する「 wake 」の過去形からきた黒人英語（ AAVE ）に由来する、「人種的偏見と差別に対する警告」を意味する英語の形容詞。

アメリカの日常会話では、PCにさらに輪をかけたものがウォウクと言われ、「アメリカはキリスト教の白人が他者を差別・酷使して建国した差別的な国である、という事実に目覚めた」という意味で使われています。

バイデン政権誕生後は、アメリカ社会のあらゆる側面でウォウクな方針（キリスト教徒の白人を逆差別し、トランスジェンダー／同性愛者／黒人／ヒスパニック／ムスリム／不法移民などを過剰に優遇する方針）が採られるようになりました。

カバールは、オバマ時代の過剰ＰＣに慣れた人民が、ヒラリーの8年間で徐々に過剰ウォウクも受け入れて、過剰ウォウクが新しい標準になるだろう、と計算していました。しかし、トランプ大統領が過剰ＰＣに歯止めをかけて、トランプ政権の4年の間は、伝統的なアメリカの価値観を重んじる人々が決して少数派ではないことが分かりました。

そのため、バイデン政権誕生後に一気にごり押しされた過剰ウォウク政策が、あまりにも奇抜で常軌を逸していることが、常人の目にはっきりと見えるようになりました。

これは、濃度の違う10個のサングラスを、薄い色のものから濃い色のものへと徐々に掛け替えていった場合には濃度の差が気にならないのに対し、一番薄いものから一番濃いものに一気に掛け替えた場合は濃度の差がはっきり分かるのと同じです。

この章では、バイデン政権下のアメリカで、あらゆる組織・企業が採用した過剰ウォウクな方針の中から、特に普通の人々の反感を買った例をご紹介しましょう。

まず、２０２3年3月、ビール会社のアンハイザー・ブッシュが、ごく普通の男性が飲むバド・ライトのＣＭに、トランスジェンダーのインフルエンサー、ディラン・マルヴェイニーを起用した後、売り上げが23パーセント低下しました。

これは、バド・ライトの主な消費者である普通の男性がトランスジェンダーの女性を嫌っているからではありません。ごく普通の人々が、消費者の好みを無視してトランスジェンダーにこびへつらった過剰ウォウクな宣伝方針に嫌気がさしただけのことです。

このCMが話題になった後、トランプ支持者に人気があるロック・スターのキッド・ロックは、ライフルでバド・ライトを撃っているビデオをアップロードし、トランプ大統領のキャンペーン・スタッフだったセス・ウェザーズは、Ultra Right Beer ウルトラ・ライト・ビアーというビール会社を作って、大成功を収めました。

ほぼ同じ時期に、トランプ支持者のマイク・リンデルが開発したマイ・ピロウという枕の販売を中止したベッド・バス・アンド・ビヨンドというチェーン店が、トランプ支持者のボイコットによって経営難に陥り、倒産寸前に追い込まれました。

8月には、同性愛・トランスジェンダーのほうが異性愛者や非トランスジェンダーよりもトレンディだと洗脳する宣伝を行った小売りチェーン、ターゲットの株が140億ドル下落し、子供向けの映画にLGBTQのキャラクターをフィーチャーしすぎるディズニーの収益が激減したことも分かりました。さらに、10月には、スポーツ専門局のくせに、アナウンサーやコメンテイターがウォウクな政策を褒める発言ばかりしているESPNの視聴率ががた落ちして、利益も20パーセント落ちたことが明らかになりました。

こうして、反ウォウク派（つまり、ごく普通の人々）は、単にウォウクな商品をボイコットするだけではなく、ウォウクではない商品を自分たちで作ったり、ウォウクではない会社の商品を買うbuycott バイコット運動を始めて、一握りのエリートがごり押しするウォウクな政策に対するレジスタンス活動を定着させていきました。そして、MAGA支持者のみならず、ごく普通の思考能力を失っていない人々の間で、Go Woke, Go Broke！ウォウクになると破産する！という一言がはやりました。

◆〝ウォウク〟の行き過ぎに気づかせた3つの事件

また、アメリカ全土でムスリムやヒスパニックの親たちが、伝統的な家族の形を否定して、LGBTQを優先する洗脳教育を行う学校に対する抗議運動を起こして、ウォウクな政策に反対するのは白人だけではないことが明らかになりました。

イスラエルとハマスの紛争が第3次世界大戦に発展するかもしれないと思われた2023年11月下旬、バイデン政権が国防省のウォウク化訓練に1億1400万ドルもの予算を要求したことも、ごく普通の人々の反感を買いました。

さらに、〝人種差別だから〟という理由で黒人やヒスパニックの犯罪者に寛容すぎる政策を採って犯罪が多発する大都市では、一般市民が警察の必要性を肌で感じるようになり、トランプ大統領の法と秩序を重んじる政策を懐かしむ人が激増しました。

12月には、ウォウクな政策の短所を分かりやすく示す2つの事件が起きました。

1つは、ウォウクな雇用政策のおかげでハーヴァード大学学長になった黒人女性、クローディン・ゲイのスキャンダルです。

イスラエルとハマスの紛争が始まった後、大学でのユダヤ人差別が激化しましたが、ゲイは学内のパレスチナ優遇・ユダヤ人差別の言行を罰することを拒み、ユダヤ系の卒業生からの寄付が激減しました。この後、ユダヤ系の著名人たちが彼女の解雇を求めましたが、ハーヴァード大学の幹部やオバマが彼女を弁護したおかげで、解雇の危機は乗り切りました。しかし、博士論文で他者の記述を盗用しまくっていたことが分かり、左派の人々も「盗作した学生は退学処分になるのだから、彼女も解雇されるべき」と言い始め、ゲイは「人種差別の犠牲者だ」と捨て台詞を吐いて、しぶしぶ辞任しました。

このスキャンダルは、〝DEI雇用昇進制度〟と呼ばれる黒人・ヒスパニック・女性・LGBTQ優先雇用政策の欠点を浮き彫りにし、ごく普通の人々が能力主義を見直すきっかけとなりました。DEIはDiversity, Equity, and Inclusion 多様性、平等、包摂《ほうせつ》の頭文字をとった略語で、多様性は白人・キリスト教徒・異性愛者以外の人々重視、エクイティは背の低い人に高い踏み台を与え、平均身長の人には踏み台を与えず、背の高い人は深い穴の中に立たせて身長を平等にする結果均等を意味し、包摂は白人・キリスト教徒・異性愛者以外の人の大量受け入れを意味します。

もう1つは、共和党のオハイオ州知事、マイク・ドゥワインが、州議会で可決したトランスジェンダー洗脳教育防止法案に拒否権を発動した事件です。

学校で親の許可無しにトランスジェンダー押しつけ教育やトランスジェンダー手術推奨カウンセリングなどを行うこと、女子スポーツにトランスジェンダーの女性が参加することを禁じるこの法案は、親権や女性の権利を守る法案です。これは誰の目にも明らかであるにもかかわらず、ドゥワインは、〝トランスジェンダーの子供たちの権利を守るために〟、つまり、人道的な立場から拒否権を発動した、と、主張しました。

この直後、トランプ大統領がトゥルース・ソーシャルで、こうコメントしました。

「ドゥワインは急進左派に堕ちた。私が集会で彼を紹介するたびに、オハイオで大ブーイングを受けるのも無理はない。もう彼を紹介することはない。この〝死に体〟とはもう縁を切る。いったい何を考えているんだ。この法案は、子供の身体切除を止め、男性が女性スポーツでプレーするのを防ぐものだった。立法府がうまく覆してくれることを望むばかりだ。早くやれ!!」

トランプ大統領がドゥワインにスポットライトを当てたおかげで、ジェフリー・エプスタインに資金援助をしていたレス・ウェクスナーがドゥワインに25万ドルもの政治献金を与えていたことがSNSで大きな話題になってしまいました。

さらに、子供のためのトランスジェンダー手術を積極的に行っているオハイオ子供病院協会が、ドゥワインに4万ドルの政治献金を送っていたことも分かり、法案拒否は人道的な理由からではなく、単にカネのためだったことが露呈しました。

ウォウク賛成派にとどめを刺したのは、連邦航空局の過剰ウォウク政策でした。

2024年1月14日、連邦航空局が、聴覚障害者、視覚障害者、四肢欠損、部分麻痺、完全麻痺、てんかん、重度の知的障害、精神障害、低身長症などの障害者を積極的・優先的に雇用していることが発覚しました。

連邦航空局は、航空管制のみならず、航空機の開発・製造・修理・運航のすべてを管理するとても重要な機関です。連邦農務省や教育省ならまだしも、人の命に直接関わる航空局は、少なくともてんかん、重度の知的障害、精神障害をわずらっている人々を積極的・優先的に雇うべきではありません。これは単なる常識的な判断で、なんと、ふだんはウォウク思想を崇拝している非常識な左派の人々も、「それは、ちょっとまずい!」、と、ウォウク政策の行き過ぎに恐怖を感じました。

左派は、きれい事を言うのが大好きですが、ひとたび自分に被害が及ぶと、あっという間に手のひらを返してくれるので、笑えます。連邦航空局がやりたい放題ウォウク政策を実行したおかげで、自分が乗る飛行機は安全であってほしいと願う左派の連中が、ウォウク政策を愛《め》でる自分たちの偽善に気づいたのです。

◆「ピンク色の髪の共産主義者から子供たちを守れ！」

こうして、トランプ大統領の名言、Everything woke turns to shit.「ウォウクなものはすべてクソになる」が、常識人の心に染み入り、左派を揺り起こしている最中《さなか》、トランプ大統領はアンチ・ウォウクな公約を告げるビデオ・メッセージを次々に発表し続けました。中でも特に評判になった公約を2つだけ訳してみましょう。

まず、法と秩序に関する公約です。

ジョー・バイデンと〝警察への資金没収〟を説く民主党は、かつての大都市を流血と犯罪の巣窟《そうくつ》に変えました。かつてはあり得なかったことです。私たちの都市と国全体に法と秩序を取り戻すための私の計画をお伝えしましょう。

まず、民主党の警察に対する戦争によって警察力が削減されたため、私は全国の警察官の雇用、維持、訓練への記録的な投資を実施します。これは、とても重要なことです。

そして損害賠償保険を充実させます。民主党は警察からこのような保護を取り上げようとしていますが、私たちは警察官に職務を全《まっと》うしてもらいたいのです。警察官に職務を全うしてもらうためには、警察官を保護しなければなりません。

第2に、ストップ・アンド・フリスク（呼び止めてから軽い身体検査をする、という単純な作業）、有罪判決を受けた重罪犯に対する現行銃刀法の厳格な執行、違法薬物の公然使用の取り締まり、犯罪を犯した外国人を路上から排除し、国外退去させるためのＩＣＥとの協力など、実績のある常識的な取り締まり手段を実施する区域のみが、この新たな資金と司法省からの助成金の受給資格を得る、と定めます。

第3に、現金保釈を廃止し、犯罪の起訴を拒否し、凶悪犯罪者に都市を明け渡そうとしている急進的なマルクス主義者の検察官と戦います。彼らは完全に犯罪者に降伏しました。私は司法省に、シカゴ、ロスアンジェルス、サンフランシスコのような急進左派検察庁の人種に基づいた違憲行為に関する公民権調査の開始を命じます。

また、私は議会に働きかけて、彼らのマルクス主義的な政策のせいでおびただしい被害と苦痛を被った犠牲者に、地方公務員を訴える権利を与えます。万引きが罰せられないために中小企業が略奪された場合、保釈金も保証金もなしで釈放された凶悪犯に残忍に襲われた場合、巨額の損害賠償を請求する権利が与えられることになるでしょう。

第4に、私はディパートメント・オブ・ジャスティス（正義の省、司法省）、あるいは一部の人々がディパートメント・オヴ・インジャスティス（不正の省）と呼ぶ今の司法省と国土安全保障省に、アメリカのあらゆる暴力団、非行グループ、麻薬ネットワークを解体するよう命じ、ひとつ残らず解体させます。

縄張り争いがどこで横行し、麻薬の巣窟がどこにあるかはすでに分かっています。誰が犯人かもわかっています。彼らが犯したあらゆる罪を告発し、公平に、しかし厳しく裁きます。麻薬の売人に対する死刑も必要です。人身売買をする者にも死刑が必要です。麻薬の売人も人身売買業者も死刑処分を受ければ、このような犯罪はすぐになくなります。

第5に、法と秩序が完全に崩壊し、市民の基本的権利が耐え難いほど侵害されている都市に、私は躊躇《ちゅうちょ》なく州兵を含む連邦政府資産を派遣して、安全を回復させます。

もしナンシー・ペロシが州兵や兵士を受け入れていれば、1月6日の国会議事堂侵入事件は起きなかったのに、彼女とワシントンDC市長は、州兵・兵士の動員を阻みました。

第6に、学校規律と少年司法の左翼による支配に終止符を打ちます。車の乗っ取り犯や犯罪者の多くは13歳、14歳、15歳です。私は教育省と司法省に、未成年者のしつけに関する連邦基準を見直すよう命じます。問題を抱えた青少年が手に負えなくなり、路上に出て暴れることを阻止します。迅速かつ確実で強力な措置をとり、彼らはその結果を肌で感じるでしょう。

第7に、危険がはびこる地域での自衛権を守ります。そして、私はアメリカ全土での銃器隠蔽《いんぺい》携帯を認める法案に署名します。憲法補正第2条は州境で終わるものではありません。さらに、私は国境の安全を確保し、国内の取締りを劇的に強化し、カルテルに戦いを挑みます。

わずか2年前は国境が完全に保護されていました。今、私たちの国境警備は世界のどこよりも疎《おろそ》かで、おそらく史上最悪だ。何百万人もの人々が国境を越えて押し寄せています。精神病院や刑務所からもやってきます。彼らは皆、米国に入国できるように誘導され、私たちの国を汚染しています。

我々はまた、ホームレス、麻薬中毒者、精神病患者から我々の街を取り戻します。これらの計画については、近いうちにもっと詳しくお話しします。これが、私がアメリカに治安を取り戻す方法です。ご清聴ありがとうございました。私たちはアメリカを再び偉大にし、アメリカを再び安全にします。ありがとう。

最後に、親権保護に関するトランプ大統領の公約の1つをご紹介しましょう。

私たちの公立学校は急進左翼に乗っ取られています。アメリカの教育を救い、アメリカの親たちの力を取り戻すための私の計画をお伝えしましょう。

まず、クリティカル・レイス・セオリー【注1】、ジェンダー・イデオロギー【注2】、その他不適切な人種的、性的、政治的内容を子どもたちに押しつける学校やプログラムに対する連邦政府の資金援助を削除します。このような教育は許しません。

次に、私は司法省と教育省に対し、人種に基づく差別を行った学区の公民権調査を開始するよう指示します。アジア系アメリカ人に対する差別も調査対象になります。

私たちの学校で説かれているマルクス主義は、ユダヤ教・キリスト教の教えとも完全に敵対し、多くの点で既成の新興宗教に似ています。許しがたいことです。私の政権は、信教の自由と表現・集会の自由を保障した憲法補正第1条に違反する可能性がある行為を積極的に取り締まります。それはとてもシンプルなことです。

さらに、政権発足第1日目に、連邦教育省に入り込んでいる急進主義者、狂信者、マルクス主義者などを見つけ出し、排除する作業を始めます。追い出される者たちは、今、自覚しているはずです。私たちは、子供たちを傷つける者を許さないからです。ジョー・バイデンはこのような狂人たちに無制限の権力を与えました。そして、私が署名する予算法案は、反抗的職員を排除する大統領の権限を再確認するものでなければならない、と議会に伝えます。すべては子供たちのためです。

私は、公民教育を武器化しようとする邪悪な策略に拒否権を行使します。女子スポーツから男性を締め出します。そして、愛国的な価値観を受け入れ、私たちの生活様式を支持し、子供たちの洗脳ではなく、ごく単純に教育することが仕事であると理解している教師を認定する、世界のどこにおいてもゴールド・スタンダードとなる新しい資格認定機関を創設します。

最後に、私は、教育において以下のような歴史的改革を行うすべての州と学区に対し、大規模な資金優遇と好待遇を実施します。

1、幼稚園から高校までの教師の終身雇用を廃止し、悪い教師を排除できるようにする。私たちは学校に優れた教師を配置したい。

2、コストがかかり、分裂を招き、不必要なDEIの官僚機構を含め、肥大化した学校管理職の数を大幅に削減する。

3、カリキュラムの完全な透明性とどの学校にも行ける学校選択権を含む保護者の権利章典を採用する。

4、親（保護者）による校長の直接選挙を実施する。すべては子供を思う親の問題。子供たちに何が必要かは、誰よりも親が知っている。仕事ができない校長がいたら、親は投票でその校長を解雇し、能力のある人間を選べるようにすべきだ。これが、究極のローカル・コントロールである。わが国には、少なくとも過去50年間は、このような学校制度がなかったと言える。

よく言われることですが、人事は政策です。ピンク色の髪の共産主義者が子供たちを教えているのであれば、大きな問題が生じるのは当然の結果です。

私が大統領になったら、親を責任者に戻し、最終決定権を与えます。読み、書き、算数と呼ばれる教育に戻し、子供たちにふさわしい質の高い、親米的な教育を施します。

私たちは、世界のどの国よりも高い金額を生徒1人当たりのために費やしています。その額は他国の2倍です。私たちはこれからも教育に資金を投じ続けますが、今後は投じた資金に見合うだけの結果を得ることになります。私たちは教育に関してあらゆるリストの最後尾に位置していますが、この状況を変えるつもりです。他国より高額の費用をかけてでも、世界最高の教育を施すつもりです。

ありがとうございました。

【注1】クリティカル・レイス・セオリーは、白人はみな生まれながらに人種差別主義者でアメリカは人種差別の国だ、という仮説。
【注2】ジェンダー・イデオロギー教育は、生まれながらの性が正しいわけではなく、人は皆いつでも自分にふさわしいと思える性別になることができる、と説く教育。

こうして、トランプ大統領はカバールが仕掛けたウォウクな政策を叩き潰すことを誓い、通常の思考能力を持つ人々からの支持が徐々に増していきました。

第6章　コロナウイルス

◆ワクチン批判を排除する言論統制があまりにひどかった

2017年にQのインテル・ドロップを読み始めて目覚めた人々は、コロナウイルスが人類支配のための道具であることをいち早く察知していましたが、ごく普通の人々はコロナウイルスを恐れ、リベラル派の人々はありがたがってワクチンを打ちまくっていました。

コロナウイルスのワクチンの危険性に関しては、ワクチンが開発された直後から、すでに目覚めた人々がSNSやポッドキャストで警告を発していました。しかし、WHO、CDC（アメリカ疾病予防管理センター）、FDA（アメリカ食品医薬品局）、FBI、CIA、DHS（アメリカ合衆国国土安全保障省）、司法省などが、「命を危険にさらす偽情報の拡散を阻止しなければならない！」と言って、SNSやポッドキャストでの厳しい情報統制を行ったため、真実がなかなか伝わりませんでした。

特にワクチンに関する真実の拡散は徹底的に阻止されて、ほんの少しでもネガティヴなコメントをした人は、たちまちツイッターやYouTubeのアカウントを閉鎖されました。リベラル派の人々の間でいまだにヒーローとして崇められている故ケネディ大統領の甥、ロバート・ケネディJrも、ワクチンを批判する発言をするやいなや、インスタグラムやフェイスブックのアカウントが一時停止され、YouTubeも彼のビデオを削除しました。民主党が崇拝するケネディ一族の御曹司でさえ口封じされてしまうのですから、ごく普通の人は、ＳＮＳで生き延びるためにワクチン批判コメントを自主規制するようになってしまいました。

それでも、保守派のインフルエンサーたちは、ワクチン（vaccine ヴァクスィーン）という単語を使わずに、腕に注射をする仕草をしたり、ジャバドゥー（「注射」を意味する俗語のjabと、子供向けアニメ『原始家族フリントストーン』のメイン・キャラクター、フレッドの決め台詞「ヤバダバドゥー」をくっつけた造語）と言い換えて、まるで暗号を使うような話し方で、なんとかワクチンの危険性を伝えていました。また、ツイッター、フェイスブック、YouTubeから追放された人々は、ランブル、ビットシュート、テレグラム、ギャブ、パーラーなどの別のプラットフォームで活動を再開し、２０２２年に入ると、トランプ大統領のメイン・プラットフォーム、トゥルース・ソーシャルが立ち上げられたので、コロナウイルスやワクチンに関する真実が伝わりやすくなりました。

そして、２０２２年10月にイーロン・マスクがツイッターを買収した後は、ツイッターの内部事情を暴露するツイッター・ファイルで、政府機関がツイッターやフェイスブック、YouTube に言論統制を強要していたことが明らかになり、ツイッターに言論の自由が戻りました。おかげで、コロナウイルスやワクチンの真相が続々と明らかになり、私がこの原稿を書いている時点では、アメリカ人のマジョリティがワクチンに疑問を抱くようになっています。

コロナの真相の中で、とりわけ幼稚園児や小学生の子供を持つ親たちを怒らせたのは、「マスクはコロナウイルス感染予防のためにまったく役に立たない」という事実でした。

すでに目覚めた人々は、「たばこを吸って、マスクを3枚つけて息を吐くと、たばこの煙がマスクを通過して出ていくのが見えるので、常識的に考えてマスクに効き目があるはずがない！」と、端《はな》からマスクが人を怖がらせて権威に服従させるためのサイオプであることを見抜いていました。

しかし、リベラル派の親たちは、WHOやファウチの大嘘にすっかり騙されて、「マスク着用で感染を防げる」と本気で信じて、子供たちにマスク着用を強要していました。その結果、顔を隠した子供たちは他者の表情を見ることができず、社会性のある大人になるために必要不可欠な〝空気の読み方〟を習得できないまま成長期を過ごしました。

医療科学に関する情報提供組織、コクランが発表したマスクに関する調査報告書には、こう記されています。

「マスクを着用しなかった場合と着用した場合の差は、ほとんど存在しない。マスクを着用しなかった場合、好ましくない影響があった、という例は、ほとんど報告されていない」「医療用マスクや手術用マスクを着用した場合と、N95／P92呼吸器を着用した場合を比較しても、インフルエンザが確認された人数も呼吸器疾患にかかった人数にもほとんど差がない。マスクを着用しなかったせいで好ましくない影響が出た、という報告はほとんどない」

オリジナルの英語がもって回った言い方なので、和訳も奥歯にものが詰まったような言い回しになってしまいましたが、もっと簡潔に言うと、「マスクを着用した場合と着用しなかった場合の感染率にはほとんど差がなく。医療用マスク・手術用マスクを着用した場合と、N95／P92呼吸器を着用した場合の感染率にもほとんど差がない」ということです。

◆ニュージーランドからの内部告発

ワクチンに関しても、さまざまな真実が暴露されていますが、最も衝撃的だったのは、ニュージーランドの公衆衛生局IT担当者、バリー・ヤング氏の内部告発でしょう。ワクチン接種者が次々に死亡している事実に気づいたヤング氏は、2023年暮れに、ニュージーランドのロイヤル党のリーダー、リズ・ガンのインタビューに答えて、こう発言しました。

「私は、ワクチン支払いシステムを制作するプロジェクトに関わっていました。ペイ・パー・ドーズ・システム（接種ごとに支払うシステム）と呼ばれるもので、誰かがワクチン接種を受けるたびに、医療提供者はその分の支払いを受けるというシステムです。データを見ていて、ワクチン接種後、1週間以内に接種者が死亡していることに気づきました。特に、サウス・アイランドのインヴァーカーギルという街では、837人のワクチン接種者の30パーセントが死亡しています。ほぼ3人に1人が死んだ、ということです。サウス・アイランドの別の街、ゴアでは、ワクチン接種者の2割が死亡しました。私の推測でしかないのですが、明らかに何かおかしい、としか思えません。ワクチンがサウス・アイランドにどのように運ばれてきたのか、どのように保管されていたのか、私には分かりませんが、この地区に送られたワクチンに何か問題があるのかもしれません。現時点では推測でしかないのですが、統計的に見て、明らかに何かおかしいことは事実です。サウス・アイランドの死亡率が通常よりはるかに高いのですから。これは自然に起きたことではなく、人為的なものです。サウス・アイランドでのみ起きたことではなく、他の場所でも起きているに違いないのです。私のような告発者がもっと出てきてほしいものです。怖がらずに、立ち上がってください」

ヤング氏は、このインタビューの後、「ワクチン接種者のプライヴァシーを侵害した」という容疑で起訴されました。

読者の皆さんのほとんどは、おそらくニュージーランドが独立国家だと思っていらっしゃるでしょうが、カナダ、オーストラリア、及びニュージーランドは、いまだに英国の属国である、と言っても過言ではありません。アメリカはrepublic 共和政の国家ですが、この3国はconstitutional monarchy 立憲君主政で、現在の君主は英国のチャールズ国王です。

ニュージーランド、カナダ、オーストラリアの政治家は就任時に、この3国への移民は国籍取得時に、英国の王・女王に忠誠を誓い、政治家は〝英国王・女王の枢密院 Privy Council で語られたこと、知らされたことを口外しない〟と誓います。

3国の中で最も面積が小さく人口が少ないニュージーランドは「コンパクトなので国民を御しやすい」、という理由で、カバールが悪巧みを実行するときの試験場として使われています。カバールは、悪巧みを全世界で実行する前に、とりあえずニュージーランドで試しています。2019年に起きたクライストチャーチ銃乱射事件は、カバールが銃没収正当化のために行った偽旗工作で、この後、これをお手本にした偽旗工作銃乱射事件が続出しました（詳細は『フェイクニューズ・メディアの真っ赤な嘘』参照）。

コロナウイルスのロックダウンやワクチン強要も、カバールはまずニュージーランドで試したので、ヤング氏のコメントは、他のどの国の内部告発者の発言よりも重みがありました。

◆ワクチン接種後の死亡者の遺族への政府の買収工作

アメリカでワクチンの真相究明に最も貢献したのは、ウィスコンシン州選出のロン・ジョンソン共和党上院議員と、ケンタッキー州第4選挙区選出のトーマス・マスィ共和党下院議員でした。

ジョンソン上院議員は、記者会見や上院公聴会で、左記のチャートをたびたび提示しました。

【薬品有害事象比較（1996年1月1日～2023年10月27日）】

イベルメクチン	4265件
ヒドロキシクロロキン	2万8823件
インフルエンザ・ワクチン	22万3446件
デキサメタゾン	11万1185件
タイラノール	13万6079件
レムデシビル	9290件
コロナウイルス・ワクチン	160万5764件

コロナウイルス・ワクチンの有害事象件数は、反トランプ派が「馬用の寄生虫駆除剤で人間用の薬ではない」と、さんざん小馬鹿にしていたイベルメクチンの376倍、大手メディア、医療関係者、左派政治家や左派コメンテイターたちが「危険な副作用があり死を招く可能性が高い！」と、散々けなしていたヒドロキシクロロキンの56倍です。

コロナウイルス・ワクチンの危険性をヴィジュアルに示したこのチャートは、SNSで拡散され、シープルが目覚めるきっかけを作ってくれました。

マサチューセッツ工科大学出身の理系のリバータリアン、マスィ下院議員は、ケンタッキー・トゥルース・サミットに参加した後、連邦下院議員としてのオフィシャル・サイトでこう報告しました。

「ケンタッキー・トゥルース・サミットは、真実を明らかにし、人々を団結させ、COVIDワクチンによる被害に対する説明責任を求めることに尽力する医師と科学者が結成した連合体の集会です。サバナ州議会議員と私は、COVIDワクチンによって計り知れない苦しみを味わい、その体験談を分かち合いたいと願う人々とともに、このサミットに参加しました。

パネリスト（そのうちの1人は子供）から聞いた話は驚くべきものでした。彼らは、命の危険を感じ、何百日も病院で過ごし、神経学的な問題を抱え続け、食べることも、眠ることも、歩くこともできず、耐えがたい痛みを感じ、そして死さえも経験したと語りました。彼らは口を封じられ、答えを得られず、「誤った情報」を広めたとしてソーシャルメディアから締め出され、医療関係者から無視されました。

パネリストたちは、金儲けやトラブルを起こすことが目的でこのサミットに出席したわけではありません。彼らは、COVIDの蔓延を食い止めるために自分の役割を果たそうとしたのです。パネリストの1人、マディ・デ・ガレイは、12歳から15歳の子供たちを対象とした試験で、志願してワクチンを接種しました。彼女は幸運にもまだ生きています。アーネスト・ラミレスの16歳の息子、エルネストは、幸運に恵まれず、ファイザーのワクチンを接種した5日後に死亡しました。ラミレス氏によると、その後FEMA米連邦緊急事態管理局から連絡があり、〝息子さんがCOVIDで死亡した、と言えば、埋葬費を支払ってあげる〟と告げられた、ということです。ジュリー・ムーアの夫は、ワクチン接種を受けていなかったために入院を拒否されました。その後、入院を許可されましたが、その時点では病状が悪化していたため、死亡しました」

マスィ議員のこのリポートは、SNSで拡散され、シープルにワクチンの危険性を知らせる糸口になりました。とりわけ、「息子さんがCOVIDで死亡した、と言えば、埋葬費を支払ってあげる」、というFEMAの〝買収〟行為には、怒りのコメントが殺到しました。同時に

「ワクチンで死んだ人の遺族が政府機関の買収に応じたことで、〝コロナによる死者数〟が増えたのだろう」と、真実に気づく人も急増しました。

◆ワクチン接種後急死した政治家、芸能人、スポーツ選手

イーロン・マスクも、2023年11月に、人気ポッドキャスター、ジョー・ローガンのショーで、「コロナウイルスそのものではなくて、人工呼吸器が患者を殺した」とコメントして、コロナに関する大覚醒に拍車をかけてくれました。

司会のローガンが、「人工呼吸器にくくりつけられた人の8割が死んだ」と、人工呼吸器の危険性を伝えた後、イーロン・マスクは、こう発言しました。

「実は僕もそのことを（2020年4月に）ツイートしたんだよね。武漢の医師たちに電話して、『第1波のときに犯した最大のミスは何ですか？』と聞いたところ、彼らは『あまりにも多くの人々に挿管式人工呼吸器を使ったことだ』と言われた。武漢から聞いたところによると、長期にわたって挿管式人工呼吸器を装着したのは大きな間違いだったようだ。肺の機能を害したのはコロナウイルスじゃなくて人工呼吸器だったんだ。治療法が病気よりも大きな害を与えた、ということだね。でも、僕がそう言ったら、みんなに〝お前は医者じゃないだろう！〟と

怒鳴られたんで、『僕は生命維持装置を搭載した宇宙船を作っているんだぜ。君たちは何やってるの？』って感じだったね」

リベラル派、インテリ、若者たちに人気があるイーロン・マスクのこの発言で、肺を冒して人々を死亡させたのが人工呼吸器だった、という事実もしっかりと伝わりました。

２０２２年にリリースされたワクチンによる死者に関するドキュメンタリー、『ダイド・サドゥンリー』（急死した）や、２０２３年に公開されたワクチン接種後急死した若い人々の遺族の証言を集めたドキュメンタリー、『ショット・デッド』（打たれて死んだ）も、ワクチンが死を招く生物兵器であることを、わかりやすく大衆に教えてくれました。

さらに、12月12日には、トルコの国会議員、ハッサン・ビトメズが、議会で演説をし終えた後に倒れ、２日後に急死しました。

12月13日には、「ワクチン接種を拒む人間は強制収容所に隔離されるべきだ！」と言っていたカナダのジャーナリスト、イアン・ヴァンデルが33歳の若さで急死。

12月14日には、ブラジルのゴスペル・シンガー、ペドロ・エンリケがステージで歌っている最中に倒れて、すぐに近くの病院に運ばれたものの、到着したときにはすでに死亡していました。エンリケは、30歳でした。

12月16日には、ウェールズのカーディフ出身のプロ・サッカー選手、トム・ロッキャーが、試合中に心臓発作を起こして倒れました。

12月18日には、初の女性最高裁判事、サンドラ・オコナーの葬儀の儀礼兵が倒れました。

6日間の間に4人が続々と倒れた映像は、SNSで拡散され、常識を備えた人々が「今までこんなことはなかった！　この数年の間に健康に関する唯一の変化はコロナのワクチンなので、倒れた原因、急死の要因は、ワクチンに違いない！」と確信しました。とりわけ、ブラジルのゴスペル・シンガーと儀礼兵が後ろに倒れる映像は、「頭を打ったら即死していたに違いない」と思える恐ろしい倒れ方だったので、ワクチンの脅威に気づいたワクチン接種者たちは、「明日は我が身！」と心配し、それと同時に、ワクチンを強要した左派政治家やセレブ、WHOや病院関係者への怒りをあらわにしました。

12月15日には、ロバート・ケネディJrが、ジョー・ローガンのショーで、こう発言しました。

「彼らはイベルメクチンとヒドロキシクロロキンを破壊し、信頼性を落として、皆に、〝効果がない〟と言わなければならなかった。なぜなら、もし誰にでも効果があると認めていたら、2000億ドルのワクチン事業全体が崩壊していたからです」

ロバート・ケネディJrは、左派が崇拝するケネディ一族の御曹司です。そのため、トランプ大統領が同じことを言っていても聞く耳を持たなかったリベラル派の人々も、彼の発言には一目置いて、「トランプは大昔から真実を言っていた」と、渋々認めるようになりました。

◆「ワクチンは生物兵器」と認識するアメリカ人が急増

２０２３年11月には、「アメリカの幼児死亡率が20年ぶりに初めて増加した」と伝えられ、常識を備えた人々が、「この20年の間と２０２２／２０２３年を比べた場合、唯一の違いはコロナウイルスのワクチンだから、死亡率上昇はワクチンのせいだ！」と悟りました。

11月下旬には、テキサス州のケン・パクストン司法長官が、〝感染を防ぐ効果がないにもかかわらず、非常に誤解を招く美辞麗句を使ってアメリカ人を騙してＣＯＶＩＤ19のワクチンを受けさせた〟として、製薬大手のファイザー社を起訴しました。

この裁判が始まれば、ファイザー側もパクストン側も、さまざまなデータを提示しなければならないので、法廷で一気に真実が露呈されることになります。

この数日前には、ワクチン接種を拒否して除隊を余儀なくされた複数の元兵士が、損失した給与と手当の弁償を求めて、国防省を訴えました。

この訴訟を起こした弁護士、デイル・セイランは、元海兵隊のＪＡＧ（Judge Advocate General 軍事法務総監）です。セイランは、記者会見でこうコメントしました。

「私は若い判事補だった１９９９年から２０００年にかけて、炭疽菌ワクチンを拒否した人々を弁護しました。私は、炭疽菌ワクチンを中止させたドウ対ラムズフェルド訴訟の弁護もした。あれから約15年経った今、政府は何一つ学ばなかったごとく、認可されていないワクチンの大量接種に再び手を染めています。この世の中では、同じことが繰り返されているのです」

このコメントがSNSで拡散され、父ブッシュ政権が炭疽菌ワクチン接種を米兵に強要した暗い歴史が蒸し返されました。そのおかげで、クリントン大統領が、炭疽菌ワクチンが湾岸戦争症候群を引き起こした証拠をオクラホマシティ連邦政府ビルに保管していたことにも再び焦点が当たり、〝オクラホマシティ爆破テロ（1995年4月19日）は、証拠焼却のための偽旗工作だった〟という状況証拠を列挙したドキュメンタリー、『ア・ノーブル・ライ』が再び話題になりました。

そして、このドキュメンタリーを初めて見た人々が、すでに目覚めた人々が集うサイトを訪れるようになり、そこで左記の事実を学びました。

●2001年9月10日に当時の国防長官、ラムズフェルドが、「国防省は2兆3000億ドルの行方を把握していない」と言っていた。

●爆破された後のペンタゴンの瓦礫《がれき》の中に、飛行機の翼や胴体の破片も、乗客のスーツケースも見当たらなかった。

●2001年9月11日にペンタゴンに突撃したのは、民間機ではなく、ミサイルだった。

●9・11の〝テロリスト〟の攻撃で破壊されたペンタゴンの一角は、2兆3000億ドルの行方を追及するための資料が保管されている場所で、攻撃によって殺された人々のほとんどがカネの流れを追っていた民間会計士、簿記係、予算アナリストだった。

これらの事実を知った人々は、オクラホマシティ爆破事件と9・11のペンタゴン攻撃がカバールにとって不都合な真実をもみ消すための偽旗工作だったことを理解し、カバールが同じ手を繰り返し使っていることを知りました。

こうして、コロナのワクチン強制接種に関する訴訟がきっかけとなり、カバールが隠し続けてきた恐るべき真実が芋づる式に次々に明るみに出て、シープルが徐々に目覚めていきました。

2023年11月に発表されたラスムッセンの世論調査では、左記の結果が提示されました。

●世論調査に答えた人の47パーセントがコロナウイルスで死亡した人を知っている。
●24パーセントがCOVIDワクチンで死亡した人を知っている。
●42パーセントが、ワクチンの副作用で製薬会社を訴える大規模な集団訴訟に参加する可能性が「やや高い」または「非常に高い」と回答。

ワクチンによる死者数は、少なく見積もっても100万人を超えると思われるので、この訴訟は、アメリカ史上最大の集団訴訟になるでしょう。

大手メディアはまだワクチンをプッシュしていますが、SNSや口コミでワクチンの真相がじわじわと大衆の心に浸透しています。
そのおかげで、2023年11月の段階でコロナウイルスのブースター接種をした人の割合は、わずか3・6パーセントでした。さらに、コロナウイルスのワクチンの実態を知った人々の多くがワクチンそのものに疑問を抱くようになったため、子供にコロナ以外の予防接種を受けさせることを拒絶する親も増えています。
ほんの4年前までは、「ワクチンは人を殺す生物兵器だ！」などと言う人は、たちまち狂人扱いされたに違いありません。しかし、ワクチンを打った人々、特に若いアスリートたちが倒れて死ぬ映像を目の当たりにし、自分の周辺にも実際にワクチンの被害を被った人がいたり、と、ワクチンの被害を肌で感じることができた今は、ワクチンが生物兵器であることを大多数のアメリカ人が認識するに至っています
これが、まさにQが繰り返し示唆した左記のインテル・ドロップです。

Sometimes you cannot tell people the truth.
You must show them.
真実を人々に語り聞かせても無意味なときもある。
そんな時は、人々に見せつけなければならない。

コロナウイルスは、もともとは、ロックダウンを通常化して人々の行動範囲を狭め、人間を支配しやすくするために、オバマとファウチが作り上げました（詳細は『フェイクニュース・メディアの真っ赤な嘘』、『アメリカ衰退の元凶バラク・オバマの正体』参照）。

◆郵便投票を正当化するために使われたコロナウイルス

しかし、トランプ政権が誕生してしまった後は、2020年の選挙で不正をしやすい郵便投票を導入するための道具として使われることになりました（2016年の大統領選で、元海軍兵が激戦州の電子投票機がインターネットに接続できないようにして、カバールの不正行為を阻んだため、ヒラリーが負け、トランプが大統領になりました。詳細は『フェイクニュース・メディアの真っ赤な嘘』参照）。

コロナウイルス対策としてロックダウンが実施され、「人との接触を避けてコロナウイルスに感染しないようにするため」という理由で郵便投票が正当化された経緯は、読者の皆さんもしっかりと覚えていらっしゃると思います。

当時は、全世界の人々の大半が本気でコロナウイルスを怖がっていたので、マジョリティのアメリカ人がカバールにまんまと騙されて、「郵便投票はコロナ感染防止のための適切な処置だ」と、本気で思っていました。

しかし、コロナの脅威が去った２０２３年暮れに、多くの人々が正気を取り戻して２０２０年の春を振り返り、冷静な目でパンデミックの時間軸を見直しました。

そして、2月29日にアメリカで最初のコロナウイルスによる死者が出て、国民がパニックに陥った次の日、3月1日に、選挙業者のランベックがバロット・エンヴェロープ・スタッフィング・マシーン（投票用紙を封筒に詰めるための機械）を大量に発注していた事実が発覚しました（ランベックは、投票用紙の印刷、送信、郵便投票の過程を仕切る選挙サービス業者です）。つまり、ランベックは、3月11日にＷＨＯがコロナウイルスによる感染を〝パンデミック〟と定義する10日前に、アメリカがロックダウン状態になって郵便投票を余儀なくさせられることをすでに見越して、投票用紙封筒詰《づ》め機械を注文していた、ということです。

これはランベックに先見の明があったからではなく、ランベックがカバールの手下で、カバールがコロナウイルス感染を口実として使い、郵便投票詐欺を企んでいたことを知っていたからです。

カバールとつるんでいたのは民間業者のランベックばかりではありません。合衆国の郵便局も、しっかりカバールを補佐していました。

アメリカの郵便局は、メール・カバー・システムという郵便物追跡機能を有していて、ベルトコンベアーに乗った郵便物の表と裏の写真を撮り、自動的に追跡できるようになっています。その記録は6年間保存されることになっていたのですが、ランベックが投票用紙封筒詰め機械を注文した直後、合衆国郵便局は4月1日からこのシステムを停止し、記録保存期間を6年間から30日間に変更しました。そして、２０２０年の選挙が終わって、バイデンを当選させた後、システムを元に戻しました。合衆国の連邦政府機関である郵便局が、郵便投票の不正の証拠を残さないようにするための裏工作をしていたのです。

ランベックも郵便局も一丸となって、コロナウイルスを利用して郵便投票による不正に力を入れていた、ということですね。

つまり、中国から入っていたコロナウイルスも、外国による選挙干渉だったので、ファウチやビル・ゲイツのことを、選挙干渉の罪でも罰することができる、というわけです。

もちろん、ファウチやビル・ゲイツの最大の罪は、コロナウイルス、及び、ワクチンを使った大量殺人罪です。

コロナウイルスで、あるいは、コロナ感染後にくくりつけられた人工呼吸器のせいで死んだ人の遺族は、さぞや怒りに震えているでしょう。トランプ大統領が勧めたヒドロキシクロロキンを使っていれば死なずにすんだのですから。

「ヒドロキシクロロキンには死をも招く危険な副作用がある」と吹聴したメディア関係者も、殺人罪で処刑されるべきです。

２０２０年のおとり選挙でわざと負けたふりをした後、３年以上かけてじっくりとコロナの真相を国民に見せつけたトランプ大統領の戦術は、孫子の兵法に勝るとも劣らない優れ技です。

ワクチンや人工呼吸器で死んだ人の遺族やワクチンで障害を負った人々は、〝単に忠告してもだめなので、実際に被害を体験させなければならない〟というこの手段は残酷だと思うかもしれません。

しかし、ワクチンの正体をさらけ出し、カバールの悪巧みに光を当てるためには、実際に犠牲者を出して、国民に怒りを感じさせるしかなかったのです。

数十年後、コロナで死んだ人々の遺族も、ワクチンで障害を負った人も死に絶えたとき、第三者として客観的にトランプ大統領の戦術を分析すれば、被害を肌で体験させる以外に国民を目覚めさせる方法がなかったことが分かるでしょう。そして、ワクチンによる殺人を涙を呑んで許可したトランプ大統領の心の痛みに、人々は深く同情するでしょう。

第7章　経済危機

◆諸悪の根源、連邦準備制度を解体するには経済破綻が必要不可欠

経済危機は、カバールとトランプ大統領の両者にとって必要なものでした。

問題を起こし、その解決策として、自分たちにとって都合のいい政策を人民に与え、愚かな人民はありがたがってカバールの方針を受け入れる……これがカバールの常套手段です。

カバールはおびただしい量の紙幣を印刷して、アメリカをハイパーインフレ状態に陥れ、「経済立て直しのためにリセットが必要！」と主張し、パソコンのクリック一つで簡単にカネの流れを操作できるＣＢＤＣ中央銀行デジタル通貨の導入を、人民に受け入れさせようと企んでいました。

一方、トランプ大統領にとっても、経済危機は必要な過程でした。

crisis（危機）に関するケネディ大統領の名言を思い出してください。

「中国語ではクライシスは、危険と好機を意味する漢字で成り立っている。危機に瀕したとき

は、危険を自覚し、しかし機会を認識せよ」

　この言葉通り、トランプ大統領は、カバールが作り出した経済危機を逆手《さかて》にとって、演説やインタビューでたびたびバイデン政権のばらまき政策を批判し、人々がインフレの真の原因に気づくきっかけを与えてくれました。

　その間、スコット・マッケイやデイヴィッド・ニーノ・ロドリゲスなどのトランプ支持者のポッドキャスターたちが、連邦準備銀行が大銀行家たちの私設の銀行であり、すべてのドル紙幣が、アメリカ政府が連邦準備銀行から借りたカネであることを教えました。そして、連邦準備銀行から1ドル借りるたびに、利子を払わなくてはならないので、アメリカ政府は永遠に連邦準備銀行の借金奴隷であること、連邦準備銀行が限りなく紙幣を印刷して、市場にドル札が溢れたことがインフレの原因であることも伝えました。

　ロスチャイルド一族に代表される、ユダヤ人を装ったハザール人の大銀行家たちが、世界経済と軍産複合体を陰で操っていることを最初に暴露したスコット・マッケイは、トランプ政権発足直後に、トランプ大統領が大統領執務室にアンドリュー・ジャクソンの肖像画を飾ることにした時点から、一貫してこう説いています。

「トランプ大統領は、第2合衆国銀行（現在の連邦準備銀行の前身）を潰して、カバールの財政支配下からアメリカを救ったジャクソン大統領を手本にして、連邦準備制度を解体する！」

また、ニーノのショーに何度もゲスト出演している財政アナリスト、ボー・ポウニーは、「裏で金や銀の値段を操作して抑え、ドル紙幣の価値を保っていたエリートたちが、CBDCへの移行を推奨するために、わざと紙幣を大量に印刷してインフレを作り出した」と、真実爆弾を投下しました。さらに、ボーは、「金本位制をやめて、1973年にペトロダラー（原油価格に裏打ちされたドル）に切り替えたヘンリー・キッシンジャーが、ちょうどその50年後、2023年11月29日に100歳で死に、その1日前に大投資家のチャーリー・マンガー（ウォーレン・バフェットの右腕として中国を経済大国にした政策の陰の立役者）が死んだのは、ペトロダラーの死の象徴だ。近々ドルの価値が下落してアメリカ経済が破綻し、金本位制が戻ってくる」と予言しました。

さらに、トランプ大統領時代の国防省に「世論の動向を読むための契約職員」として雇われたアナリスト、ドクター・ジャン・ハルパー・ヘイズが、「アメリカはいまだに英国王室の属国で、ワシントンDC、シティ・オヴ・ロンドン、ヴァチカンは、それぞれが世界の軍隊、金融、宗教を仕切る独立地区で、アメリカ人が払う税金の多くの部分がシティ・オヴ・ロンドンに行っている」と、教えてくれました。

こうしたポッドキャストの情報を得た人々が、2024年にアメリカ経済が破綻することと、それがトランプ大統領にとってもカバールにとっても予定の行動であることを把握しました。

そして、彼らは、目覚めかけた人々に、こう教えました。

「諸悪の根源である連邦準備制度を潰すためには、同組織が私設の団体であることと、際限なく紙幣を印刷することがいかに理不尽なことであるかを、人々にはっきり見せつけなくてはならない。カバールの存在にまったく気づいていない人を起こす唯一の手段は、大恐慌時代のような激しい不況を体験させることだ。昏睡状態の人たちの多くは、経済的にゆとりのある人々だ。彼らは適度な不況では経済的な痛みを感じないので、目覚めることはない。食べ物も買えず、家賃も払えず、食糧不足で怒った人たちが大都市で暴動を起こすほどの経済危機に陥って、自分や自分の家族に実際に被害が及んで、初めて目覚めるだろう。だから2024年にアメリカ経済が破綻することは、目覚まし作戦の一環として避けられない。ひとたび目覚めた人々は、ビジネスマンで、破産の経験があり、それを乗り越えて再び不動産王に返り咲いたトランプ大統領のみが、この経済危機からアメリカを救ってくれる！、と悟るだろう。そして、トランプ大統領の帰還を切望し、早く帰ってきて、連邦準備制度を破壊し、金《きん》や物資に裏打ちされた健全な財政制度を確立してほしい！と思うだろう」

◆トランプ大統領復帰のための裏事情

さらに、彼らは、トランプ大統領がなかなか戻ってきてくれないことに腹を立てているMAGA支持者たちの説得作戦も展開しました。

トランプ大統領復帰の裏事情を理解していない一部のMAGA支持者たちは、「トランプ大統領は、宇宙軍が掌握した2020年大統領選のバイデンの不正を、なぜもっと早く公示しなかったのか。1日も早く真実を伝えて、大統領に復帰して、経済破綻からアメリカを救うべきだ！」と、怒っています。こうした人々は、トランプ大統領が経済破綻を許して、アメリカ人に苦悩を味わわせることは、意地悪な戦術だ、と思っています。

そんな彼らに、裏事情を理解している人々は、こう伝えました。

「アメリカ経済が完全に破綻する前、食料・燃料・水不足のせいでアメリカ各地で暴動が起きる前にトランプ大統領が戻ってきたら、昏睡状態の人たちは〝トランプがバイデンから政権を乗っ取ろうとしている！〟と思ってしまうだろう。だから、トランプ大統領は、心を鬼にして、バイデン政権下で経済が破綻してアメリカ人が食糧難や暴動、さらにキューバ危機のような核戦争の恐怖で苦しむまで、待っているのだ。アメリカが大混乱に陥って、みんなの生活や命が危険にさらされたとき、初めて昏睡状態の人々を起こすことができるからだ。そして、カバールに洗脳されて、トランプ大統領が現在のヒットラーだと信じていた人々が、背に腹は代えられない困窮状態に陥って、〝アメリカに安全と経済安定を戻してくれるのであれば、人種差別主義者でも独裁者でもいいから、経済観があって他国を制してくれるトランプに戻ってきてほしい！〟と感じたとき、初めてトランプ大統領復帰のお膳立てが整う。トランプ大統領がバイデンを押しのけて戻ってきた、というのは絵にならない。バイデン政権下で破綻した経済を立て直してほしい、という国民の切なる願いに応えて、満を持して、〝アメリカ国民のご要望にお答えして、私、ドナルド・トランプがみなさんを救うために帰って参りました！〟というほうが絵になる。さらに、国民のＤＮＡにカバールに対する敵意を植えつけるためにも、アメリカを大恐慌に陥らせて、国民に臨死体験を味わわせる必要がある」

ちなみに、これは、大昔から副島隆彦先生が予言していた通りの筋書きです。

裏事情を理解しているトランプ支持者たちは、ローカル・レベルで集会を開いて、顔見知りの同志を増やし、それぞれが隣人や職場の知り合い、親類縁者、友達の友達に働きかけて、目覚めかけた人々や、裏事情を理解せずにトランプ大統領に裏切られたと勘違いしているＭＡＧＡ支持者たちを見つけ出しては、積極的に説得を続けました。

こうして、アメリカ人の大半が、〝民主党政権下でアメリカ経済が破綻し、狼狽した国民のマジョリティが、ビジネスマンで経済センスがあるトランプ大統領の復帰を望む状況を作り上げることが必要なのだ〟と、理解しました。

そして、彼らは、「経済は安定に向かっている」と吹聴する民主党やフェイクニューズに対抗して、SNSで経済がいかに破綻しているかを伝え続けました。

◆中央銀行デジタル通貨(CBDC)は悪魔の刻印〝666〟

さらに、スコットやニーノを支持する福音主義派の人々が、彼らのポッドキャストのコメント欄に聖書の記述をもとにしたCBDCの解説を展開し、これがSNSで大きな話題になりました。

クリック一つで簡単にカネの流れを止めることができるCBDCは、中央政府が民衆を完全に奴隷化するために必要なシステムです。中国がすでに実施している社会信用システムは、所得、職種、信条、政治観などに基づいて全国民をランク付けし、政府に好都合な者に褒美を与え、政府に刃向かう人間へのカネの流れや交通機関・病院へのアクセスを止める制度で、このシステムはCBDC導入によって初めて成り立ちます。

これを踏まえて、新約聖書のヨハネの黙示録13章の、通称 false prophet 偽預言者と呼ばれる獣に関する記述を見てみましょう。

「(その獣=偽預言者は) 小さき者にも、大いなる者にも、富める者にも、貧しき者にも、自由人にも、奴隷にも、すべての人々に、その右の手あるいは額に刻印を押させ、この刻印のない者はみな、物を買うことも売ることもできないようにした。この刻印は、その獣の名、または、その名の数字のことである。ここに、知恵が必要である。思慮のある者は、獣の数字を解くがよい。その数字とは、人間をさすものである。そして、その数字は666である」

福音主義者のボー支持者たちは、この記述とCBDCを照らし合わせて、2つの仮説を展開しました。

1つは、世界経済フォーラムのクラウス・シュワブ、あるいは、ビル・ゲイツが偽預言者で、コロナウイルス・ワクチンに含まれた酸化グラフェンが刻印で、カバールはワクチン・パスポートを持たない人へのクリプト通貨の供給を絶ち、ワクチン拒絶者は食べ物も買えなくなる、という説です。

もう1つは、マーク・ザッカーバーグかイーロン・マスクが偽預言者で、携帯電話のアプリ、または彼らが人々の手首などに埋め込もうとしているチップが刻印だ、という説です。

どちらも、〝ありそうな話〟なので、福音主義者以外のキリスト教徒やキリスト教徒ではない人々も、「本気で悪魔を崇拝しているカバールの連中がやりそうなことだ！」と思い、CBDCの恐ろしさは奥が深い！、と、やけに感心しました。そして、これがきっかけとなって、Qのインテルに初めて興味を示す人も出てきて、カバールの組織であるサーンやグーグル・クローム、世界経済フォーラムのロゴに666が組み込まれていることを知り、多くの人々がさ

Google、世界経済フォーラム（WEF）、CERN（欧州原子力研究機構）のロゴは「666」

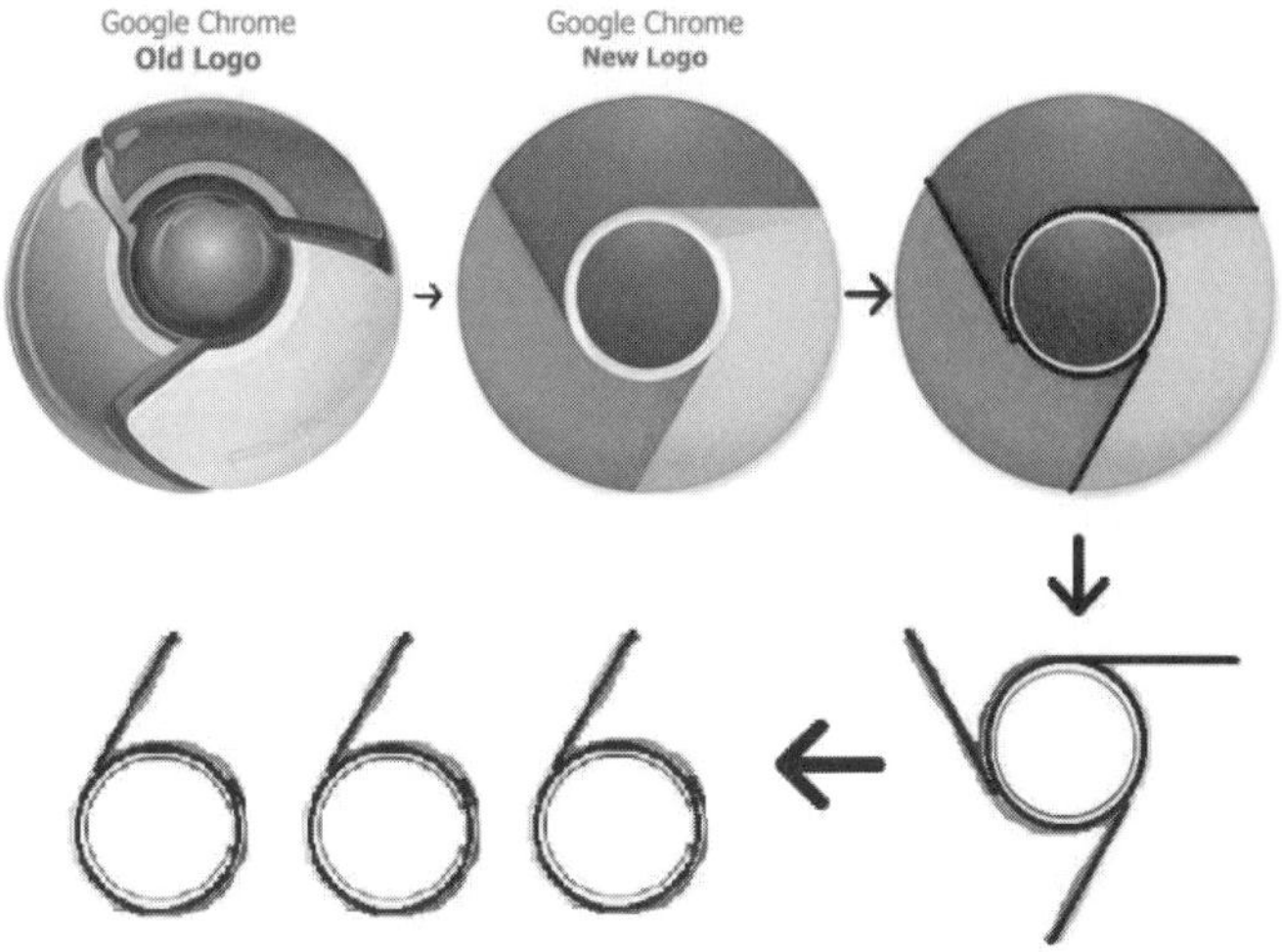

（https://archive.vn/wA3F3）

（https://www.reddit.com/r/conspiracy/comments/lullnk/world_economic_forum_logo_has_666_carefully/）

（https://en.wikipedia.org/wiki/CERN）

らなる目覚めへと導かれていきました。

◆予算押収制限法（1974年）を覆す

一方、トランプ大統領は、目覚め始めた人々の支持を得やすくするために、トランプ時代の経済繁栄を築いた経済政策を再び展開することを確約するとともに、さらに一歩進んだ画期的な政策を発表しました。それは、既存の予算押収制限法（議会が通した予算案から大統領が無駄な予算を押収する権限を制限する法律）に挑戦する！、という宣戦布告でした。

トランプ大統領のビデオ・メッセージを見てみましょう。

不正直なジョー・バイデンは、3年足らずの間に何兆ドルもの税金を浪費し、労働者の家庭を破滅させる制御不能なインフレを引き起こしました。

バイデンの無駄で不必要な支出を抑制することは、インフレを阻止し、経済を破滅から救うために不可欠です。しかし、歳出削減の痛みは、アメリカ人の家族、とりわけ高齢者ではなく、特別利益団体やワシントンの官僚に負わせなければなりません。

私たちの政府制度のもとで200年もの間、大統領には、インパウンドメント（押収権）と呼ばれる、不必要な支出を止める憲法上の権限がある、と誰もが認めていました。

非常に簡単に言えば、議会が政府運営に必要な額を超えた予算を提出した場合、大統領は余分な資金の浪費を拒否し、代わりにその資金を一般国庫に戻し、皆さんの税金を引き下げることもできる、ということです。私たち（トランプ政権第1期）は史上最大の減税と史上最大の規制緩和を実現しました。この2つの業績は私の誇りです。減税も規制緩和もバイデンの下で急速に姿を消しつつありますが、まだ完全に消えたわけではありません。

トーマス・ジェファーソンがこの権限を行使したのは有名な話だが、1974年に制定された押収制限法によって不当に縮小されるまでは、他の多くの大統領もこの権限を行使していました。この法律は明らかに違憲であり、三権分立に明らかに違反します。

私がホワイトハウスに戻ったら、全力を尽くして法廷で押収制限法に異議を唱え、必要であれば議会にこの法律を覆《くつがえ》させます。私たちは絶対にこの法律を覆します。

その上で、私は大統領が長年認めてきた押収権限を使って、肥大化した連邦官僚機構を収縮させ、大幅な節約を実現させます。その成果は、皆さんの減税という形で現れ、インフレが速やかに終わり、財政赤字も削減されます。

押収権限を奪還できた日に備えて、私は政権発足1日目に、連邦政府各機関に対し、効率化と無駄の削減によって節減できる予算を大量に指摘するよう命じます。

もちろん、国防費は対象外です。現状を把握していないロン・デサンクティモニアスとは違って、私はメディケアや社会保障には指一本触れません。彼は社会保障を破壊し、メディケアを基本的に消滅させせようとしています。これらは高齢者のための福祉ですから、私たちは手をつけるつもりはありません。歳出削減のために、他にできることがたくさんありますから。私たちは、ロン・デサンクタスがメディケアや社会保障を損なうことを許したりはしません（トランプ大統領は、ロン・デサンクティスのことを、ロン・デサンクティモニアス、ロン・デサンクタスというあだ名で呼んでいます。Sanctimonious は、〝聖人ぶった〟、sanctus はラテン語で〝聖なる〟という意味です）。

逆に、政府の他の部分から押収した資金の一部を、メディケアと社会保障を今後何年にもわたって強化するために使います。

大統領の歴史的な押収権限を再び主張することは、歳出を抑制するために議会と交渉する際に行使できる重要な影響力を回復することにもなります。とてもシンプルなことです。私たちは、歳出を抑制します。

私たち（トランプ政権第1期）は歳出を制御していましたが、コロナウイルスが入って来たので、国を救うための対策を講じなければならず、うまく対処しました。しかし、私たちは大金を稼ぎ始めていました。我々はエネルギー自給国でした。エネルギーの支配者になろうとしていました。私たちはアメリカ国内に埋蔵されている石油から巨額の富を得ようとしていた。他のどの国よりも埋蔵量が多いのです。私たちは、税金を減らし、借金を返済するつもりでいました。

押収、それが均衡財政を取り戻す唯一の方法です。

均衡財政達成と同じくらい重要なのは、押収権を復活させることで、ディープステイトを跡形もなく全滅させ、泥沼の水を抜き、至る所で戦争を起こして延々と人殺しを続けたがる主戦論者たちの資金を枯渇させ、グローバリストを政府から追い出すための決定的な手段が得られる、ということです。

私たちは、戦争屋とグローバリストを政府から追い出します。

押収権を使えば、簡単に資金の流れを止めることができます。

この政策は、反インフレ、反スワンプ（腐敗。泥沼）、反グローバリストであり、成長促進、納税者支援、親米、親自由主義の政策です。

これを実現できるのは私だけです。私はこれを成し遂げ、アメリカを再び偉大にします。

そして、2024年1月17日、アイオワ・コーカス（党員集会）で圧勝した直後にニュー・ハンプシャー州ポーツマスで行われた演説で、トランプ大統領はこう宣言しました。

「政府の専制政治からアメリカ人を守るため、私は大統領として中央銀行によるデジタル通貨の創設を決して許しません。そのような通貨は、みなさんのお金に対する絶対的な支配権を連邦政府に与えることになります。彼らは、みなさんのお金を奪うことができ、誰もお金がなくなったことにさえ気づかないでしょう。これは自由に対する危険な脅威です。私はそれがアメリカにやってくるのを阻止します」

1974年に議会が通した押収制限法に敢然と立ち向かい、ディープステイトの壊滅を公約として掲げ、カバールの金づる設立を阻止すると誓ったトランプ大統領が、アメリカ人のマジョリティから支持されたのは当然の結果です！

◆トランプ大統領は庶民のヒーロー

最後に、他の政治家と異なり、実質的な経済観を備えた辣腕ビジネスマンのトランプ大統領の魅力が炸裂するスピーチを2つご紹介しておきましょう。

1つ目は、エアフォース・ワンに関するエピソードで、トランプ大統領は2018年以降、さまざまなスピーチの中に、この話を盛り込んでいます。

ここでは、2022年11月5日にペンシルヴァニア州で行われた、ドクター・オズ共和党上院議員候補の応援演説の中で使われたヴァージョンをお届けしましょう（集会出席者はほとんどがブルーカラーの熱烈なトランプ支持者たちです。トランプ大統領は、熱狂的なファンの前でパフォーマンスを行うロック・スターのように、観衆と一体になり、会場に溢れるエネルギーを満喫して話を進めているので、その雰囲気が伝わるように、主語は〝僕〟で訳しました）。

話に出てくる登場人物になりきってエピソードを語るトランプ大統領の口調は、まるで落語家のようで、微笑ましいです！ 文字だけでは、この面白さは伝わらないので、是非とも左記のサイト（7時間43分14秒からはじまります）で、実際の演説をごらんになりながら、和訳を読んでください!!

https://rumble.com/v1ruyu2-full-event-president-donald-j-trump-holds-save-america-rally-in-latrobe-pa.html

ボーイングが文句を言っているんだ。僕のおかげで新しいエアフォース・ワンが作られている最中なんだ。他の大統領は誰も関わろうとしなかった。僕が軍部に出向いたら、〝この書類にサインしてください〟と言われた。〝何の書類だ？〟と聞くと、新しいエアフォース・ワンを購入するためのボーイング社との契約書だ、と言われた。32年も今のを使ってるんだから、そろそろ潮時だよね。国によってはすごい飛行機を使ってる。特に中東のはいい。彼らの飛行機は3日前に買ったとしか思えない、最新で最高のものなのに、僕たちのときたら32年も前のものだ。アメリカ合衆国だっていうのに。だから新しくしなきゃならなかった。

で、空軍の将軍が僕のところにやってきて、〝閣下、文書の準備ができました〟と言ったんだ。〝何の書類だ？〟って僕が聞くと、〝新しいエアフォース・ワンを買うための書類です〟と言う。エアフォース・ワンは実際には2機ある。747の800か900だ。この2機はとても素晴らしい機体だ。この飛行機に何が積まれているかは言えないんだ。極秘事項かもしれないから。〝機密を漏らした！〟と非難されると困るからね。他の大統領はみんな文書を持ち出してるのに、僕だけは文書を持ち出しちゃいけないってか。他の大統領たちは、あちこちに文書を保管してる。中華料理店やボーリング場とか。知ってるだろう？　窓ガラスは割られ、ドアは壊され、警備もなってないのに、彼らの文書持ち出しはOKで、トランプはダメってことさ。僕らの国で起きていることは恥ずべきことだよな。

でも、彼らはこう言った。〝必要なことなのです。飛行機を買わなければなりません〟〝値段は？〟〝57億ドルです〟。僕は、〝2機の飛行機代としては高すぎる〟と言った。いくらいい機体でもね。確かにすごい設備だけど、その話はここではやめておこう。とにかく57億ドルだ。ボーイングのトップが私に会いに来た。いい人だよ。悲劇が起きる前のことだ。あれは本当に破壊的な悲劇だった。我が国と世界の偉大な企業のひとつだったけど、2機の飛行機が墜落し、壊滅的な打撃を受けた。でも、これはその前の話で、当時ボーイングは最も偉大な企業だと思われてた。

社長が僕に会いに来て、〝サインしないんですか?〟と聞かれた。〝しないよ〟〝なぜですか?〟〝値段が高すぎるからだ〟。彼が〝なぜ、そう断言できるんですか?〟と言うので、僕は〝オバマが交渉したからさ〟と答えた。〝だから、僕は高すぎると思うんだ。57億ドルだなんて〟。彼は〝少し減らせるかもしれません〟と言うので、〝いや、最初の数字が3じゃなきゃダメだ。3で始まらないとダメだ〟と言った。〝どういう意味ですか?〟って、彼らは言った。〝3じゃなきゃダメだ〟。彼は〝それはできません〟と言った。それで彼は〝2億ドル下げます〟と言うんで、僕は〝ダメだ。そんな少額じゃ。3で始まらなきゃダメだ。悪いけど、もっと下げなきゃダメだ〟と言った。

1カ月ほど経過して、ボーイングのトップから電話がかかってきて、〝55億ドルにしましょう〟と言うんで、〝いやいや、3で始まらないとダメだ〟と言った。その後、連絡が途絶えた後、また彼がやってきて、49億ドルに下げた。僕は〝もうちょっとだ。あと10億で片がつく〟と言った。それから1カ月連絡がなかった。取引というのは時間が経つと忘れてしまうものなんだ。記憶力が良くてもね。私は記憶力が良いし、皆さんの中にも記憶力が良い人はいるだろうけど、忘れちゃうものさ。気にしなくなるから。とにかく僕は、3じゃなきゃダメだ、と言い続けた。

それで2カ月後、ボーイングの社長から電話がかかってきた。僕は、〝彼は一体何の話をしたいんだ？〟と思ったよ。まさか飛行機の話だとは思わなかった。でも、彼はこう言ったんだ。〝手を打ちませんか？ 42億ドルまで引き下げますから〟。僕は〝いや、3じゃなきゃダメだ〟と、言った。彼が〝39億9999万9999ドルと99セント。これでいいでしょう？〟と言うんで。僕は〝手を打とう！〟と答えた。17億ドル節約して、契約が完結した。僕は契約書に目を通したよ。契約書は慎重に作成されてて、彼らはその契約を守る意図を示していた。

ここ2、3週間の新聞には、ボーイングはこの取引は自分たちにとってひどいもので、8億ドルの損失が出ると文句を言ってる、と書いてある。損をするなら損をすりゃあいいんだ。でも、バイデン政権は値段を引き上げるよう交渉している、と聞いてる。そんなことはすべきじゃない。契約を交わしたんだから。こういうニュースを見るたびに、僕は思うんだよ。とにかく、今、大きな争点になっているのだから。もっと多くの人が値切りの交渉をすべきだと、僕は思っている。僕たちは何度も値切った。船も値切った。僕は、よく会社に電話して、値段を下げろ、と言ったよ。研究開発をする必要もないんだから。彼らは〝なぜですか？〟と言うけど、僕は値段を言うだけだ。〝研究したのか？〟と訪ねると、〝ノー〟と答える。何百万ドルもの研究費を節約できてるじゃないか。僕たちはあの飛行機の契約で、巨額の費用を節約できた。その飛行機が、今、大きな話題になっている。
この聴衆の誰も聞いたことがないような、アメリカに関する節約の話を語れることを、僕はとても誇りに思ってるんだ。僕たちはいつもカネを払いすぎて、大企業の懐を肥やしてる。でも、誰かが君たちのことを見守ってる。それが僕の仕事だ。僕がみんなのことをしっかり見守ってるんだ。値切りの話はとてもクールな話だろう。すごくいい話だ。

もう1つは、イスラエルのアメリカ大使館をエルサレムに移転したときのエピソードです。こちらも、落語家並みの話術が楽しめるので、是非左記のサイト（47分4秒から始まります）で、実際のスピーチをごらんになりながら、和訳をお読みになってください。
https://rumble.com/v2w7yre-full-speech-trump-speaks-at-faith-and-freedom-coalition-road-to-majority-co.html
こちらのスピーチは、２０２３年6月24日にワシントンＤＣで、キリスト教の信条と信者の言論・表現の自由を守る組織、〝フェイス・アンド・フリーダム・コアリション（信仰と自由の連合）〟が開催した公式な会合で行われたスピーチなので、主語の訳語として〝私〟を使いました。

私は、アメリカの友であり同盟国であるイスラエルを誇りを持って支持した。私はイスラエルのために、他のどの大統領よりも多くのことをしたと言われています。約束を守り、イスラエルの永遠の首都エルサレムを承認し、エルサレムにアメリカ大使館を開設しました。

これは、私が時々お伝えしている話で、どちらかというと、いいビジネスの話かもしれません。（大使館をエルサレムに移すための）闘いに勝った後、将軍が私の前に立って、署名が必要な大統領令を提示しました。それは、エルサレムに大使館を建設するための20億ドルの法案でした。私が、〝将軍、これは何かね？〟と尋ねると、〝閣下、これはエルサレムに大使館を建設するためのものです〟。私は〝20億ドルと書いてある。なんで20億ドルも……〟と言いました。私は1階建てのビルを想像してましたから。

この会場にもいらっしゃるかもしれませんが、不動産業に携わっている人なら、誰もそんな大金は使わないでしょう。2ドルなら話は別ですけど。（自分の声で）〝20億も出すとは！〟。（将軍の声をまねして）〝そう言われたんです。土地を買って、建物を建てて、その他もろもろを考えると、20億ドルはかかる、と言われました〟。そこで私は大使に電話をかけ、こう言いました。〝デイヴィッド、我々はエルサレムに多くの土地を所有してるだろう？　いい土地はないか？　すでに小さな建物が建ってる土地とかあったら、それを安く修理すればいいかも〟

私はずっと不動産業に携わっていて、その仕事がずっと好きでした。今でも好きです。不動産で成功したんですよ。素晴らしいビジネスで、とてもクリエイティブです。私は、〝どんな土地を所有してるか調べてくれ〟と言って、2日後、彼らは私に電話をかけてきて、こう言いました。〝素晴らしい物件を見つけました。もう何年も所有しているものです〟。アメリカは、早い段階から土地を所有してたんですよ。素晴らしい用地があり、そこには基本的に放棄された建物だけど、骨組みはしっかりしているので、それを修復し、非常に迅速にオープンさせることができると思う、ということでした。

私は、〝彼らがとんでもない金額で買おうとしている敷地と比べると、どんな感じかね？〟と言った。ちなみに、その敷地のオーナーは、私に不満を持ってるんですよ。それは確実です。あの敷地に何億ドルも払うはずでしたから。で、私が〝この建物をどう思う？〟と言うと、〝まあ、直せると思う〟と言われて、それで1週間後に電話がかかってきました。私も何人か現地に派遣しました。で、彼は〝閣下、40万ドルで新しい大使館を建てられます〟と言ったんです。

私は〝ちょっと尋ねたいんだけど〟と言いました。こんなことを言ったのはこのときだけですよ。〝それは安すぎやしないか？　もっと高くしなきゃダメだ〟。今まで一度も口にしたことがない言葉でしたよ。普通は〝20万にしてくれ〟と言うところです。でも、〝もっと高くしないといけない〟。その値段はふさわしくないよ〟と言いました。マンハッタンにある大きなビルに住む私の友人がいるんですけど、彼のビルのエレベーターの向かいの壁は、美しい白い石、それとベージュ、美しいベージュと白い石なんですよ。彼は、今は私のことを〝プレジデント〟と呼びますが、以前は〝ドナルド〟と呼んでました。（友人のものまねで）〝ドナルド、この石を見てくれ。すごく美しいだろう！〟

12回くらいそう言われた後、〝何なの？〟と聞くと、彼は〝ジェルサレム・ストーン（エルサレムの石）だよ〟。とても美しく、すごく高価なんだ〟と言いました。彼はとても金持ちで、高価な石の値段について話すんですよ。そんな話ができるほど金持ちだ、ということですかね。とにかく彼は、〝エルサレムの石はとても美しい。僕はこの石を誇りに思ってるんだ。ジェルサレム・ストーンをね〟と言うんです。それで、私は、エルサレムにビルを建てる話をして。既存の建物を改築することになったときに、こう言ったんです。〝その建物をエルサレムの石で包むことはできるだろうか？　高いかな？〟。彼はこう言いました。〝全然！　私たちはエルサレムにいるんですから、小銭で買えますよ〟。だから建物全体がエルサレムの石でできているんです。すごいでしょう？　いいじゃないですか、石を重ねて造ったんです。私は他のことも成し遂げましたが、とにかくビルを建てたんです。20億ドルのビルなんて、完成できなかったでしょうね。何年も何年もかかった末に、大使館をエルサレムに移転させるというコンセプトさえもなくなっていたことでしょう。

でも、私たちは大使館を建設しました。本当に美しい大使館で、最も素晴らしい大使館のひとつだと思います。でもいつか、彼らがまたやって来て、〝何十億ドルも無駄にして、当初の計画通りにやろう〟と言い出すでしょう。しかし、とにかく素晴らしい大使館で、それを実現できたことをとても誇りに思っています。

いかがですか？

トランプ大統領の口調は、〝暴力団のチンピラから庶民を守ってくれる近所のおっさんか⁉〟と思えてしまうほど、義理と人情、忠誠心と親心に溢れています。

人々の血税を湯水のごとく使う他の政治家とは真逆で、普通の人々の利益と幸福を守るために日夜戦うトランプ大統領は、まさしく庶民のヒーローなのです！

カバールが意図的に起こしたインフレに苦しむ人々が、トランプ大統領の庶民的、かつ常識的な経済感覚に共鳴して、トランプ大統領を支持したのは当然の成り行きですよね！

第8章　不法移民乱入の被害

◆バイデン政権が入国させた不法移民の実数は

数々のホテル、コンドミニアム、ゴルフ場を建造したトランプ大統領は、予定よりも早く仕事を仕上げることで知られる辣腕ビジネスマンです。時間やお金の無駄遣いが大嫌いなトランプ大統領は、その気になれば1期目に国境の壁建設を完成させることができたはずなのですが、所々にギャップを残したまま、1期目が終わってしまいました。

これは、壁建造を請け負った業者が怠慢だったせいではなく、予定通りの行動でした。トランプ大統領は、「カバールの手下が政権を取ったら、国境警備を怠り、不法移民を流入させ、アメリカを内部から破壊させる」ということを、国民にヴィジュアルに知らしめるために、わざと壁を完成させずに、隙間を残しておいたのです。

おかげで、バイデン政権発足と同時に、壁のない場所から不法移民が堂々とアメリカに入ってくる様子を、国民は目の当たりにして、「国境の無い国は、国家として存在しえない！　国家存続のために壁が必要だ！」と、実感することができました。

この章では、激化する不法移民流入の被害に関する話題の中から、特に黒人とヒスパニックを激怒させたトピックをお伝えしましょう。

本題に入る前に、メキシコ国境からどれほどの数の不法入国者がアメリカに入ってきているのか、概要を押さえておきましょう。

まず、トランプ政権時代の不法入国者数から。

財政年度２０１８年の総計：52万１０９０人
財政年度２０１９年の総計：97万７５０９人
財政年度２０２０年の総計：45万８０８８人

次に、トランプ政権１期目の末期にメキシコからアメリカに入ってきた不法移民の数を見てみましょう。
２０２０年
10月：７万１９２９人
11月：７万２１１３人

12月：7万3994人

2021年
1月：7万8414人

次は、バイデン政権下の不法入国者の数を見てください。

2021年
2月：10万1099人
3月：17万3227人
4月：17万8795人
5月：18万 597人
6月：18万9034人
7月：21万3593人
8月：20万9840人
9月：19万2001人
財政年度2021年の総計：173万4636人

2021年

10月：16万4837人
11月：17万4845人
12月：17万9253人
2022年
1月：15万4874人
2月：16万6010人
3月：22万2574人
4月：23万5785人
5月：24万1136人
6月：20万7834人
7月：20万　162人
8月：20万4087人
9月：22万7547人
財政年度2022年の総計：237万8944人
2022年
10月：23万1529人

11月：23万5173人
12月：25万2315人

2023年

1月：15万7358人
2月：15万6630人
3月：19万3249人
4月：21万1992人
5月：20万6690人
6月：14万4556人
7月：18万3479人
8月：23万2963人
9月：26万9735人
財政年度2023年の総数：247万5669人

2023年

10月：24万 986人
11月：24万2418人

この数字を見ても分かるとおり、６７７万６２０３人の不法入国者が、バイデン政権中に堂々とアメリカに入ってきたのです。

アメリカの州人口ランクで16位のマサチューセッツ州の人口は約７００万人、17位のインディアナ州は約６９０万人、18位のミズーリ州は６２０万人なので、インディアナ州の人口に近い人数の不法移民がバイデン政権中にアメリカに入ってきた、ということです。

しかし、これは国境で〝捕まった〟、また、すぐに釈放されることを承知の上で自ら不法移民処理センターに出向いた不法移民のみの数です。国境警備隊に気づかれずに忍び込んだ不法入国者の数は含まれていませんし、どれだけの人数が警備隊の目を逃れて密入国しているのか、バイデン政権はその数を把握していません。

一説によると、国境警備員に気づかれずに忍び込んだ密入国者の数は約１３００万人だと推定されています。

州人口ランキング4位のニューヨーク州の人口は約１９６０万人、5位のペンシルヴァニア州の人口は約１３００万人なので、ペンシルヴァニア州の人口に匹敵する数の密入国者がアメリカにはびこっている、ということになります。

◆不法入国者の医療、教育、住宅にかかる膨大な支出

この数字を踏まえて、共和党が多数党である下院の国土安全保障委員会が、2023年11月に発表した不法移民の世話にかかる費用に関するリポートを見てみましょう。

〝アレハンドロ・マヨルカス国土安全保障省長官の国境開放政策の歴史的代償〟と題されたこのリポートには、こう記されています。

不法入国者は、地域の医療システムに大きな負担を強いている。連邦法は、たとえ保険がなく治療費を払えない場合でも、病院や救急治療室が不法入国者に治療を提供することを義務づけているからだ。

ユマ地域医療センターのロバート・トレンシェル社長兼CEOは2023年2月、国土安全保障に関する下院委員会で、不法滞在者の治療で2600万ドル以上の未払い費用が発生したと証言した。

ニューヨーク市の病院では、過去1年間におよそ3万人の不法滞在者の訪問を記録している。

不法滞在者に対するメディケイドの救急治療の支出は、2021会計年度以降だけでも120億ドルを超えている（メディケイド：連邦と州が負担し、州が運営する低所得者向け医療費補助制度）。

不法入国者に関連する法執行コストは、CBP（税関・国境警備局）の予算のような国境警備に直接関連するものだけでなく、州や地方の法執行にかかるコストも増加している。

アリゾナ州のコチセ郡では、2022年の「不法入国関連の収容費用」は総額430万ドルで、1578人の容疑者が「不法入国関連の犯罪」で郡刑務所に収容された。

フロリダ州は、犯罪を犯した外国人を州刑務所に収容するために毎年1億ドル以上を費やしているが、この費用のうち連邦政府からの払い戻しはほとんどない。

もしニューヨーク市長のエリック・アダムが、不法入国した外国人の費用を賄《まかな》うために一律5パーセントの給与カットを提案した場合、ニューヨーク市の警察官は7億ドル以上の超過勤務手当を失う可能性がある。

不法入国者の子供たち、あるいは不法入国者のアメリカ生まれの子供たちに教育を提供するコストは、州や連邦政府にとって莫大な支出である。

英語が不自由な生徒は、教育システムにとってさらなる負担となる。これらの生徒にかかる教育費は昨年約780億ドルに上った。

私有地、特に南西部国境沿いの牧場や農場が壊滅的な被害を被り、国境沿いの州の市民の日常生活に前例のない打撃を与えている。

密入国者や不法滞在者の不法侵入によって破損したフェンスの修理に数万ドルを費やさなければならなかった牧場主や、2万6000ドルもかけて1マイルのフェンスを修理した牧場主もいる。

市や州は、DHS国土安全保障省が拘留せずに地域社会に解き放った不法入国者を収容し、彼らの世話をするために、莫大な費用を負担している。

ニューヨーク市は、2022年春以降に到着した数万人の不法入国者のために、2025年までに120億ドル以上を費やす予定である。

シカゴ市は不法入国者への〝住宅供給と支援〟に毎月2000万ドル以上を費やしている。

ワシントンDCが不法入国者にかける費用は、2023年10月までに5200万ドルを超えると予想されている。

マヨルカスの政策で釈放された不法入国者と、170万人存在するとみられている国境警備の目を逃れて入ってきた密入国者の世話にかかる総費用は、年間4510億ドルを超える可能性がある。

バイデンとマヨルカスの政策は、アメリカ全土の州や地方自治体に多大な追加費用を強いるものであり、限られた財源ですでに苦境に立たされている自治体は、こうした予定外の経費を捻出するために奔走し、さらに厳しい状況に追い込まれている。

アメリカの法律に違反し、教育、医療、住宅など、税金で賄われる広大な給付を要求する者たちに、アメリカの税金が使われるのは道徳的に容認できない。このような人々の多くは、今後死ぬまでアメリカ社会の重荷となり、自分が貢献した以上の利益を常に国家から吸収する。そもそもアメリカに合法的に滞在する権利がないことは、言うまでもない。マヨルカスの政策は、このような大量の税金の浪費と乱用を許している。彼の政策と行動は、何百万人もの人々に不法に国境を越えることを奨励している。国土安全保障省は、何百万人もの不法入国者を、法律に従って拘束・排除する代わりに、アメリカ国内に解き放っている。

このリポートは、保守派の情報サイトやＳＮＳで拡散され、とりわけ、〝不法入国者の世話をするために年間４５１０億ドル以上かかる〟という部分があらゆる人々に大きなショックを与えました。

◆「トランプよ、今すぐここに来て、この混乱を一掃してくれ！」

これだけでも、十分頭に来ますが、この後、ごく普通の人々をいらつかせるニュースがSNSや保守派のサイトで続々と拡散されました。特に、常識人を激怒させた話題をいくつかおさらいしておきましょう。

●テキサスは国境に鉄条網を設置したが、バイデンが送り込んだ兵士が鉄条網を切って不法入国者を助けていた。

●11月28日、24時間の間に2800人の不法入国者が、メキシコ・アリゾナ国境を超えてなだれ込んだ。この地区では、つい最近、300ポンド（6800万人を殺せる量）のフェンタニルが密輸されていた。

●ニューヨーク州が、老人ホームから老人を追い出して、代わりに不法入国者を住まわせ、彼らに投票権を与えようとしていることが発覚（民主党が強い州の多くが不法入国者の運転免許取得を許可し、ほとんどの州が運転免許取得の際に自動的に有権者登録されるので、不法入国者大量受け入れは、選挙で民主党を勝たせるための悪巧みだ、と、気づく人が増えた。トランプ大統領もトゥルース・ソーシャルで、「民主党が大量不法移民流入を援助するのは、彼らに投票させるためだ」と、カバールの企みを教えた)。

●大量の若い中国人の組織化された団体が不法入国している。

●ダービン民主党上院議員、「アメリカ人の入隊希望者が減ったので、穴を埋めるために、不法入国者を入隊させて、合法移民の地位を与えろ」と、演説。一方、トランプ大統領も、「2万6000人もの若い中国人の男たちが入ってきている。どういうことだ？　アメリカで小さな軍隊を作ろうとしてるのか？」と警告を発した。これで、アメリカを内部から崩壊させるために、カバールが中国人の軍隊をアメリカ国内に作ろうとしていることが分かった。

●南米の圧政や迫害を逃れてやってきた家族ではなく、アフリカや中東から若い男性が大量に押し寄せている。2021年10月から2023年10月の間の内訳は、トルコ：3万830人、モーリタニア：1万5594人、ウズベキスタン：1万3624人、アフガニスタン：6386人、エジプト：3153人、パキスタン：1613人、イラン：659人、ヨルダン：185人、レバノン：164人、イエメン：139人、イラク：123人。

●ギニア、セネガル、マリなどのアフリカ人男性も大量に流入し、彼らはフィラデルフィアのフィリー・センターに行くための指示が書かれた紙を持っていた。

●ＦＢＩのテロリスト警戒リストに載っている人間も不法入国していて、分かっているだけでも169人のテロリストが入ってきていた。
●メキシコ・アリゾナ国境のトゥーソン地区で、AK－47を持った不法入国者が捕まり、手製の爆弾も見つかった。
●アメリカでは写真付き身分証明書を提示しないと飛行機に乗れないが、不法入国者たちはバイデン政権が配布した紙切れ（自己申告の名前と年齢が書かれた紙）だけで飛行機に乗って、希望の目的地に無料で運んでもらえる。
●バイデン政権の〝国境関連予算〟の136億ドルは、警備ではなく、〝難民の亡命手続き〟や〝不法移民受け入れのための経費〟に当てられていた。
●不法入国者の安い労働力のせいで高賃金の安定した仕事が激減した。
●不法入国者たちは、NGOなどの組織が発信するGPSの指示に導かれていた。
●ドイツ政府は、女子中高生とアフリカ・中東からの難民の男性との合コンを組織的に行っている。
●フランスになだれ込んだ不法移民が、不法移民受け入れ中止法案に反対して大規模なデモを行った（おかげで、フランス人の多くが「そのうち不法移民がマジョリティになったらフランスが不法移民に乗っ取られる！」と、気づいた）。
●デンマークで、ムスリムの不法移民がデンマーク人に、「俺たちには5人の子供がいるが、あんたたちには1人か2人だ。10年後には、ここにいるイスラム教徒の数がデンマーク人の数を上回るだろう。デンマーク人は500万人しかいないから、あんたらは絶滅するよ」と、豪語していた。

●オランダのウィルダース自由党党首が、難民として入り込み、シャリーアをオランダ人に押しつけようとするイスラム教徒の移民を非難し、イスラム教徒大量受け入れ政策を進めるオランダ首相を批判。

●左派のデンヴァー市長が、「2023年だけで3万5000人もの移民がやってきて、デンヴァー市は危機に陥っている」と嘆いた。

●シカゴの黒人市長も、移民が多すぎて経済危機だ、と悲鳴を上げ、連邦政府からもらったコロナ対策支援金の9500万ドルを不法入国者の住居費として横流しした。

●ニューヨーク市は不法入国者に無料で住居を提供している。

●ニューヨークの黒人市長も、「不法移民の世話に莫大な費用がかかるせいで、NY市民の生活水準が低下した」と嘆いた。

●最近の不法入国者が手ぶらで入ってくる理由は、NGOなどの組織が調達したトラックが彼らの荷物を運んでくれるからだった。

●カリフォルニア州は、州民の税金を使って不法入国者に無料で健康保険を提供している。

●複数の共和党下院議員がテキサス国境で記者会見を行っている場所の目と鼻の先で、不法入国者が堂々とアメリカに入って来る映像がフォックス・ニュースで紹介された。

●12月5日、アリゾナ州の名物保安官、シェリフ・ラムが、複数のSNSで驚きのメッセージを伝えた。「やあ、みなさん。ラム保安官です。真実爆弾を投下します。中国やアフリカ、世界各地から、主に軍人にふさわしい年齢の男たちが、ほとんど何のチェックも受けずにアメリカに入ってきています。それだけではありません。彼らが入国し、手続きが完了すると、携帯電話、彼らが行きたいアメリカの都市への航空券、おそらくあなたの近くのコミュニティへの航空券、そして5000ドルのビザカードが、彼らに与えられています。このクリスマスの時期に、みなさんが家計のやりくりに苦労して、家賃もなかなか払えず、子供たちへのクリスマスプレゼントを買うお金をなんとか捻出しようとしている間に、この国に不法入国した人々に、政府が5000ドルのギフトカードを与えているのです。これが真実です。神のご加護を」

●2024年1月10日、ニューヨークの学校が不法入国者収容所として使われ、学生が自宅でリモート学習を強いられ、親が激怒した。

これらのニュースを見聞きして、アメリカ人の多くが不法入国者が及ぼす害を身近に感じられるようになり、3万人近い不法入国者が押し寄せたシカゴでは、住民の大半を占める黒人たちが、「不法入国者を追い返せ！」と叫ぶようになりました。

12月21日にシカゴ市議会が開いた公聴会では、81歳の黒人男性が、こう熱弁をふるいました。

「私は不法移民反対派です。リオ・グランデの向こうに送り返すべきです。アメリカで奴隷にされたのは私たちだけです。私たちは、施しを待ったこともなければ、求めたこともありません。ここに連れて来られて、ただ働きをして、この国を築いたのです。彼らがこんなふうにここにやってくるのは恥ずべきことで、アメリカの精神に反します。黒人の子供たちはどうなるんですか？　黒人労働者は？　彼らは私たちと競っているんですよ！　私は黒人の擁護を主張します！　移民局を呼びなさい！　トランプよ、ここに来てこの混乱を一掃しなさい！　アメリカで最も腐敗した都市はシカゴ市です！」

この後、黒人女性も、不法移民流入に反対して、こう発言しました。

「私はサンクチュアリー・シティ（不法入国者を受け入れる聖域都市）に反対です。合法的な移民は、何年も待って、やっとここに来たのに、彼らはバスに乗って簡単にここに来るなんて、ばかげています。（不法移民は資金援助を受けているのに）ウェストサイドやサウスサイドの黒人コミュニティは、資金援助を約束されるだけで、実際には援助を受けた試しがありません。こんなことが、何年も待っているこれらのコミュニティに対して公平だと言えるでしょうか？」

目覚めたのはシカゴ市民ばかりではありません。

あまりにも大量の不法入国者が堂々と入ってくる画像がSNSで拡散され、ヨーロッパの現状も伝わったことで、2023年12月中旬の段階でアメリカ人の多くが「左派（実はカバール）が愛国心の無い不法移民を流入させて、彼らを多数派にして、アメリカを乗っ取ろうとしている！」と、気づきました。

◆カバールはアメリカを内側から破壊しようとしている

12月20日にリリースされたラスムッセンの世論調査では、「既存のアメリカ人人口を外国人に置き換える政策の一環として、アメリカへの大量移民を推進している人々がいる可能性があると思いますか？」という質問に、回答者の57パーセントが、「あると思う」と答えていました。内訳は、民主党支持者：42パーセント、無党派：55パーセント、共和党支持者：77パーセントでした。

民主党支持者の42パーセントも、やっと真実が見えてきたのは、トランプ大統領が意図的に壁を完成させないまま大統領の座を離れて、わざとカバールの手下たちにやりたい放題やらせ、不法入国者がなだれ込む様子をヴィヴィッドに見せつけ、彼らがもたらす被害を国民に肌で体験させたからです！（ちなみに、２０２３年10月下旬の世論調査では、73パーセントが「もっと壁を立てるべきだ」と答えていました）。

２０２３年の感謝祭直前に、トランプ大統領がテキサスの国境を訪れて、国境警備員や州兵たちのランチの給仕を手伝っている映像も、「トランプ大統領は国境を警備してくれる！」とヴィジュアルに伝えてくれました。

トランプ大統領は、さまざまな演説で、たびたびこう言っています。

「不法入国者を支援している急進左派の慈善団体や非営利団体、援助団体は、人身売買や子供の密入国、その他あらゆる犯罪に関与しているので、起訴する」

さらに、トランプ大統領は、２つの素晴らしい不法入国者追放策を提示しています。

１つは、不法入国者に対する福祉のカットで、ビデオ・メッセージで、こう言っています。

「アメリカは何兆ドルもの借金を抱えているにもかかわらず、急進左派の民主党は不法入国者に公的給付金を違法にばらまき、その一方であなた方の税金を大幅に引き上げようとしています。急進左派の共産主義者たちは、あなた方、中産階級を憎んでいるのです。バイデンは、食品配給券、無料の医療、生活保護、その他信じられないような数々のプログラムを不法入国者に与えようと企んでいます。

さらにバイデンは、不法入国者に就労許可を与え、アメリカ市民から仕事を奪おうとしています。

そして、もし彼らに子供がいれば、子供は自動的に市民権を得て、そのおかげで不法移民世帯も政府のさまざまな資金援助を受けられることになります。その一方で、退役軍人や、市民が苦しむのです。私は、新政権発足と同時に、この茶番を止め、勤勉な中流家庭の富を守ります。

私は、仮釈放権の法外な乱用を止め、不法入国者の公営住宅入居を禁じた私の措置を復活させ、不法入国者の就労許可をすべて停止します。そして、今後大統領が、納税者が負担する福祉給付金をこのように濫用することを阻止する法案の制作を議会に要求します。

不法滞在者の子供に自動的に市民権が与えられるように、生活保護は世界中から人々を引き寄せる巨大な磁石なのだ。彼らはアメリカに来て、彼らはアメリカの納税者の汗と貯蓄を食い物にしようとしています。そんなことは、公平でも、公正でもないので、許すわけにはいきません。私は直ちにすべてを終わらせます」

もう1つは、アメリカで生まれた外国人の赤ん坊に市民権を与える制度の違憲化です。

トランプ大統領のビデオ・メッセージを見てみましょう。

ジョー・バイデンは、記録的な数の不法入国者が国境を越えて押し寄せることを許し、外国によるアメリカの不法侵略を展開しました。彼らは世界中からやってきました。バイデンの現在の政策では、何百万人もの不法入国者が法に反して国境を越えたとしても、彼らの将来の子供たちはすべて自動的にアメリカ市民となります。想像を絶することです。彼らは生活保護、税金で賄われる医療、選挙権、連鎖移住（市民権獲得者の血縁者に許される移住）、その他数え切れないほどの政府給付を受ける資格を得て、不法入国者の親もその恩恵を被ります。この政策は、米国の法律を破ったことに対する報酬であり、不法入国者の殺到を引き寄せる磁石であることは明らかです。

何百万人もの不法入国者が怒濤《どとう》のごとく押し寄せてきます。精神病院や刑務所からやってくる囚人たちは、見たこともないほど頑丈で恐ろしい人たちです。アメリカは、両親のどちらかが市民でなくても、また合法的に入国していなくても、親がアメリカに不法侵入した瞬間に、将来の子供たちは自動的にアメリカ市民となる、という世界で希有《けう》な国のひとつです。多くの学者が指摘しているように、現在のこの政策は歴史的な神話に基づくものであり、数少ない国境開放論者による意図的な法の誤解です。

驚くべきことです。誰がこんなことを望むでしょうか？　誰が囚人や非常に不健全な人間、精神異常者の入国を望むでしょうか？　何千人、何万人もがやって来るのです。

国境を確保する私の計画の一環として、私は政権発足1日目に大統領令に署名し、今後、法の正しい解釈のもと、不法入国者の将来の子供たちが自動的に米国市民権を取得することはない、と、連邦政府機関に明示します。このようなことが、何百万人もの人々を私たちの国に呼び寄せ、不法入国させているのです。私の政策は、不法入国を継続させる大きな誘因を排除し、さらなる移民の流入を抑止し、ジョー・バイデンが不法に入国させた外国人の多くに母国への帰国を促すものです。

彼らは帰国しなくてはいけません。このような状況を続けることはできません。道義的にも間違っています。私の大統領令は、バース・ツーリズム（アメリカで出産するための旅行）として知られる不公正な行為も終わらせます。地球上の何十万人もの人々が、妊娠の最後の数週間、ホテルにこもって、不法に子供の市民権を取得する、という行為です。多くの場合、彼らは後に連鎖移住制度を悪用し、順番待ちをしている人々を飛び越して、自分自身と家族のためにグリーンカードを取得します。

これは非常に卑劣で悪質な行為であるにもかかわらず、私たちはこれを放置しています。アメリカ生まれの子供が市民権を得るためには、少なくとも両親のどちらかが市民権を持っているか、合法的な居住者でなければなりません。私たちは国境を守り、主権を回復します。トランプ政権の初日から、アメリカは再び偉大になり、再び国家となるのです。国境を守り、適切な教育を施し、アメリカ第1主義に戻りましょう。

不法入国者優遇政策や、我が物顔でアメリカの伝統文化や慣習を破壊しようとするイスラム教徒の偽《にせ》難民の横暴にウンザリした常識人が、トランプ大統領の政策に賛同したのは当然の成り行きですよね！

◆赤十字は人身売買斡旋組織が裏の顔

さて、トランプ大統領が意図的に不法移民をなだれ込ませたもう1つの理由は、赤十字が人身売買斡旋組織であることを知らしめるためでした。

２０２４年1月17日、イーロン・マスクが、「赤十字は不法入国を支持してるのか？」と、ツイートした直後、カバールの悪事を暴露し続けるジャーナリスト、ジェイムズ・オキーフが、こう答えました。「赤十字は不法入国者をバスで運び、不法入国者の子供のキャンプに最初に入る」

イーロンのツイートが、左派から「イーロンは人種差別主義者だ！」と批判されたことで、この2人のやりとりがSNSで大きな話題になり、おかげで２０１８年4月23日にアップロードされた左記のQのインテル・ドロップにスポットライトが当たりました。

イランの赤十字
パキスタンの赤十字
北朝鮮の赤十字
赤十字……
密輸の定義
何が密輸されるのか？
密輸品を買う金の資金源は？
あの連中は病気だ。
これから展開される出来事に関連している。
大統領令をフォローしろ。

戦争や天災の被災地に真っ先に訪れて、〝子供の世話をする〟ことで知られる赤十字は、各国政府からの支援金（＝国民の税金）、民間企業からの莫大な寄付金で運営されています。ハイチで起きた地震の救済費として、赤十字は5億ドルもつぎ込んだのに、家を6軒建てただけでした。当時、ハイチの子供が大量に行方不明になっていたので、左派の記者たちも赤十字に疑問を抱く人が出てきていました。

しかも、赤十字のマーク（白地に赤い十字）は、カバールの銀行システムの本拠地であるスイスの国旗（赤地に白い十字）の白と赤を入れ替えたものです。

また、第1次大戦中にアメリカの赤十字会長だったヘンリー・デイヴィソンは、JPモルガンと共に連邦準備銀行設立を画策したカバールの一員で、彼の息子はCIAの人事局長に就任しました。

さらに、赤十字の重役だったジェスロ・ミラーが、プランド・ペアレントフッド（胎児の臓器売買で知られる中絶斡旋組織）に天下りしています。

目覚めた人々、及び、目覚めかけた人々が、こうしたさまざまな事実をつなぎ合わせていった結果、〝国境を自由自在に越えられる赤十字は、実は人身売買・臓器密輸斡旋業者だ！〟と確信しました。そして、この発見を友達や親類縁者に伝え、大覚醒に拍車をかけました。

トランプ大統領は、2017年12月20日に、人権侵害の罪を犯す人間の財産を没収して犯罪者を罰するための大統領令を発しているので、トランプ政権第2期では、赤十字も潰すことができるでしょう。

最後に、トランプ大統領が集会やスピーチで、何度も引用している〝ザ・スネイク〟という詩をご紹介しておきましょう。

これは、ソウル・シンガーのアル・ウィルソンが１９７５年にリリースした曲の歌詞です。トランプ大統領は、アメリカを内部から破壊するために、精神病院や刑務所に収容されていた人々やテロリストなどを積極的に不法入国させているカバールを批判するメタファーとして、何度もこの歌詞を演説の中で読み上げ、アメリカ人に警告を与えています。

ザ・スネイク

ある朝、仕事に向かう途中
湖畔の小道を歩いていた心優しい女性が、
半分凍った哀れなヘビを見つけました。
彼のきれいな色の皮膚は霜に包まれていました。
〝あらあら！〟と彼女は叫びました。〝私が連れて帰って面倒を見てあげましょう〟
〝受け入れて
連れて帰って、お願いだから
優しい女性よ、迎え入れてください〟と、凶暴な蛇は言いました。

彼女は彼を絹の掛け布団で包み、
暖炉のそばに寝かせ、蜂蜜とミルクを置きました。
その夜、彼女は仕事から急いで家に帰ると、
家に迎え入れた蛇は元気を取り戻していました。

〝受け入れて
連れて帰って、お願いだから
優しい女性よ、迎え入れてください〟と、凶暴な蛇は言いました。

彼女は彼を胸に抱きしめ、〝なんてきれいなんでしょう！〟と言いました。
〝私が連れて帰らなかったら、あなたは死んでいたかもしれない〟
彼女は彼の肌をなで、キスをし、強く抱きしめました。
しかし、その蛇はお礼を言う代わりに、彼女に凶暴な噛み傷を負わせました。

〝受け入れて
連れて帰って、お願いだから
優しい女性よ、迎え入れてください〟と、凶暴な蛇は言いました。

〝助けてやったのに〟とその女は泣き叫びました。

〝なぜ私を噛んだの？　あなたは毒を持っているので、私は死んでしまうのよ！〟

〝黙れ、バカ女！〟と、爬虫類は薄ら笑いを浮かべて言いました。

〝私がヘビであることを十分承知の上でおまえは私を迎え入れたんだ〟


トランプ大統領は、夜、ベッドの脇で子供におとぎ話を聞かせるような口調でこの詩を読み上げ、アメリカ人に警告を与え続けていたのです！

CIAのマインドコントロールに洗脳されて、無制限の不法入国者流入が〝人道的に正しいこと〟だと思い込んでいた人々の心にも、トランプ大統領が〝ザ・スネイク〟で伝えたサブリミナル・メッセージが徐々に浸透し、今ではアメリカ人のマジョリティが国境警備強化に賛成しています。

トランプ大統領のお見事なポジティヴ・サイオプに拍手を送りましょう！！

第９章　２０２４年の大統領選の見所

◆予想されるいくつかのシナリオ

21ページでも書いたとおり、宇宙軍や軍事情報部がつかんでいる不正の証拠が法廷で提示されれば、２０２０年の大統領選ではトランプ大統領が圧勝したことが明らかになり、前回の選挙結果が無効になって、トランプ大統領が復帰します。

しかし、判事が証拠の提示を拒む、などの不正裁判が横行した場合は、２０２４年の選挙が実施され、これが正当な選挙だったらトランプ大統領が圧勝します。

ただし、カバールはすでに、エボラやエイリアン侵略劇を繰り出す用意をしているので、ロックダウンで郵便投票不正をするか、エイリアンの攻撃で選挙が中止になる可能性もあります。

それがダメなら、イラン攻撃で戦争を起こし核戦争の脅威を煽るか、テキサス国境で偽旗工作の内戦を演出して、選挙ができないほどアメリカを大混乱させ、民主党政権が国連軍に介入を求める可能性もあります。

1月には、アリゾナ州の共和党会長が、トランプ派のカリ・レイクを買収して、彼女の上院議員選挙出馬をやめさせようとしたことも明らかになっているので、カバールは最後の最後まであらゆる手段を講じてトランプ大統領とトランプ派の政治家の当選を妨害する覚悟でいます。しかし、2023年6月の時点で、アメリカ人の約7割が「2024年の選挙で不正が行われるのではないかと心配だ」と答えています。つまり、7割方の人が〝選挙不正が存在する〟と思っているので、カバールは2020年のようなおおっぴらな不正を行うことはできません。

2024年1月22日にリリースされた世論調査では、調査に応じた有権者の35パーセントが〝最大の問題は不法入国者激増〟、32パーセントが〝インフレ〟、25パーセントが〝経済と雇用〟と答えています。どれもバイデンの政策が招いた問題です。トランプ大統領が簡単に解決できる問題です。

インフレや経済・雇用は、辣腕ビジネスマンのトランプ大統領の得意分野なので、文句なしにトランプ大統領の勝ちです。不法入国者問題に関しては、選挙演説で「私の就任後すぐに、アメリカ史上最大の強制送還作戦を開始します！」と宣言して、観衆から拍手喝采を浴びています。

これらの3つの争点は、民主党派の人々にとっても心配の種なので、黒人、ヒスパニック、若い世代の人々の間でも、トランプ大統領の支持率が日ごとに伸びていて、1月初めにはシカゴの黒人市民が不法入国者受け入れ派の候補（＝民主党候補）には絶対に投票しない！、と宣言。1月下旬には、2017年にはアンチ・トランプだった大物ラッパー、スヌープ・ドッグが、「ドナルド・トランプは、マイケル・ハリス（スヌープと一緒にレコード会社を立ち上げた後、麻薬所持で投獄されていた）に恩赦を与えてくれた。俺はドナルド・トランプを敬愛するぜ」とコメントしているほどです。

今後、経済がさらに悪化して失業者が増えてブルーカラーの民主党離れがさらに続き、治安も今以上に悪くなれば女性や母親も法と秩序を守るトランプ大統領に傾くので、民主党の支持基盤はＢＬＭとアンティファだけになります。

トランプ大統領は、「バイデンはドロップアウトするだろう」と言っているので、バイデン（のマスクをかぶった役者）は予備選で勝った後に、弾劾されるか、認知テストを強いられて引退に追い込まれるか、急病にかかるか、急死するか、はたまた暗殺されるか、なんらかの形で消されるのではないでしょうか？　その後は、ニューサムかオバマ夫人が大統領候補になり、オバマ夫人が実はトランスジェンダーであることが露呈されるでしょう。逆に、オバマ夫人がトランスジェンダーだと告白して点数を稼ごうとするかもしれませんが、どちらにせよ、これが糸口となって、オバマの正体が一気に暴露され、オバマの犯罪がすべて白日の下《もと》にさらされるでしょう。

◆なぜトランプ大統領はペンス副大統領に2020年選挙結果の否認を迫ったか

選挙がしっかり行われて、本戦でトランプ大統領が圧勝した後は、カバールは「トランプが不正をして選挙を盗んだ！」と騒ぎ立て、ＢＬＭ、アンティファ、不法入国者を総動員して、各地で暴動を起こし、バイデン政権、もしくはバイデンが消された後の民主党政権は暴動鎮圧のために国連軍介入を要請するかもしれません。

しかし、不正があったと証明しようとする行為は、民主党の不正をあばく結果をもたらします。また、民主党政治家や大手メディアが選挙結果を否定すれば、マジョリティのアメリカ人が「あんたたち、２０２０年の選挙結果を否定したトランプ派を、〝投票者の意思を踏みにじる民主主義の敵！〟と非難してたくせに！」と、呆れるでしょう。

議会が、選挙結果を否定することもできません。なぜなら、民主党主導の議会が、議会が選挙結果を否定する権利を奪う新法を制定したからです。

２０２１年１月６日に議会で行われた大統領選の結果承認に至るまでの過程を思い出してください。トランプ大統領は不正があったことを指摘して、再三再四ペンス副大統領に「結果承認のプロセスを遅らせせろ！」、と懇願し、「副大統領は、選挙結果の認定を取り消すことも、各州に結果を戻して認定を変更させることもできる」と言っていました。
一方、トランプ大統領の弁護士、ジョン・イーストマンは、後にイーストマン・メモと呼ばれるようになったメモをトランプ大統領に送りました。以下、メモの要約です。

選挙人集計法は、おそらく違憲だ。補正第12条には、〝上院議長は、上院および下院の立会いの下、すべての認証文書を開封し、票を数えるものとする〟と記されている。ゆえに、上院議長（＝ペンス副大統領）は、アラバマ州から集計を始めて、アリゾナに至った時点で、〝民主党の選挙人と共和党の選挙人がいるので、決定を延期して、他の州の得票を数える〟と発表する。最終的に、選挙結果が曖昧な7つの激戦州の票を数えない、という決定を下し、残りの州のみを数えれば、選挙人の総数は454人なので、トランプ：232人、バイデン：222人で、トランプが勝利したことになる。

また、テッド・クルーズ共和党上院議員が「結果認定を10日遅らせ、不正投票があったかどうか10日かけて吟味すべき」と、提案しました。
しかし、ペンスが何の異論も唱えないまま、選挙人の投票結果認定の作業が行われているとき、議事堂襲撃が起きて、これがカバールの偽旗工作だと気づかない共和党議員たちが一気に弱腰になって、不正選挙の結果を認定しました。

しかし、トランプ大統領が「副大統領には認定を覆す権限がある」と言い続け、1月6日以降は、行動を起こさなかったペンス副大統領を「腰抜け！」と罵倒し続けたことで、選挙人集計のプロセスに長い間スポットライトが当たり続けました。おかげで、選挙人集計法が違憲だとする法学者が多く、選挙人集計に関する補正第12条の解釈も法学者によって異なることが明るみになり、これを問題視する人の数が急増しました。

そのため、複数の議員が、「今後、大統領選のもつれのせいで議事堂襲撃のような暴動が起きることを防がなくてはならないので、選挙人集計法をもっと明確なものに改正する必要がある」と、言い始めました。

そして、2022年に、「上院議長または現職の副議長は、選挙人またはその投票の有効性をめぐり、受諾、拒否、その他の裁定や紛争解決を行うことはできない」と、明記された選挙人集計改革および大統領移行改善法が制定されました。

実は、これもトランプ大統領が仕掛けた罠でした。

2020年の選挙は、カバールの不正の証拠をつかむためのおとり作戦だったので、トランプ大統領は初めからこの選挙の後は身を引く覚悟でいました。そして、民主党政権下でいかにアメリカが衰退、退廃、崩壊するかを見せつけた後に、2024年に圧勝する計画でした。しかし、いくら正当な選挙で圧勝しても、カバールの手下たち（大手メディア、民主党議員、左派政治・法律アナリスト）が曖昧な選挙人集計法を駆使して、副大統領には選挙結果を覆せる！、と主張し、実際にカマラ・ハリスが選挙結果を覆す可能性があります。

これを阻止するには、選挙人集計法を改正するしかないので、トランプ大統領は、わざとペンス副大統領に「結果を覆せ」としつこくせっつき、バイデンが認定された後も、ペンスの悪口を言い続けたのです。

民主党議員たちは、このサイオプにまんまとひっかかって、「副大統領の一存で選挙結果が覆されることを防がねば！」と思って、ご丁寧にハリスがトランプ大統領の圧勝を覆せない新法を作ってくれたのです！

まさに、孫子の兵法を上回るトランプ大統領の戦術、お見事です!!

◆トランプ大統領の公約

次に、予備選を見てみましょう。

まず、民主党とＲＩＮＯ《ライノ》は、「謀反者は公職に就けない」とする補正第14条を理由に、〝議事堂襲撃を煽った〟トランプ大統領が大統領候補になること自体を阻止しようとしています。

実際に、コロラド州はトランプ大統領の名前を投票用紙から削除する判決が下され、私がこの原稿を書いている時点では、最高裁での判決を待っているところです。

273ページで詳しく書きますが、トランプ大統領は襲撃を煽ってはいませんし、かりに煽ったとしても、1月6日の時点での政府はトランプ政権指揮下の政府なので、自分で自分の政府を〝攻撃〟するのは、謀反ではありません。

それに、補正第14条は、「合衆国に対する暴動、反乱に加わった議員、公務員は、議員や選挙人になれない」と記されているだけです。大統領は議員でも公務員でもないので、この条項でトランプ大統領を責めるのは激しいお門違いです。

アイオワ・コーカス（党員集会）は、トランプ大統領が51パーセントの票を獲得して圧勝しました（デサンティス：21パーセント、ヘイリー：19パーセント）。

票を入れる容器が映画館で売られているポップコーンの大型カップで、しかも、トランプ大統領もアイオワのトランプ支持者も、白いMAGAハットをかぶっていました。

アメリカの映画館にはポップコーンがつきものです。また、2006年までアメリカ最大手のシネプレックスだったロウズは、映画の前に〝ロウズにご来場ありがとうございます。ゆったり座ってリラックスして、Enjoy the show！〟というジングルを放映していました。

Qは何度もEnjoy the show！と書いているので、トランプ支持者たちは、2024年の選挙も、カバールの汚い手口を見せつけるためにホワイト・ハットが仕組んだものだろう！、と、確信しました。そして、トランプ大統領を圧勝させるために、選挙活動にさらに力を入れ始めました。

ニュー・ハンプシャー予備選では、トランプ大統領：54パーセント、ニッキー・ヘイリー：43パーセントと、ヘイリーが健闘したかのように見えますが、ヘイリーに投票した人の7割は、トランプ阻止のために1日だけ共和党に鞍替えした民主党支持者で、本選ではバイデンに投票する人々でした。

最後に、ディープステイトを粉砕し、人民が支配する政府を取り戻すために、トランプ大統領が掲げた10個の公約をご紹介しましょう。

1．就任したその日に、不正な官僚を解雇する大統領の権限を復活させる2020年大統領令を再発行する。
2．連邦政府省庁を総点検し、国家安全保障と情報機関の腐敗した役人を全員解雇する。
3．FISA裁判所を抜本的に改革し、腐敗を根絶する。
4．真実和解委員会を設置し、ディープステイトのスパイ行為、検閲、権力の乱用に関するすべての文書の機密指定を解除し、公表する。

5．メディアと結託して作り話を広げる政府の情報漏洩者の大規模な取り締まりを開始し、場合によっては刑事告発を行う。

6．すべての監察官事務所を、彼らが監督する部局から独立させ、彼らがディープステイトの庇護者にならないようにする。

7．情報機関が市民をスパイしたり、アメリカ国民に対する偽情報キャンペーンを行ったりしないよう、継続的に監視する独立監査システムを確立する。

8．トランプ政権が土地管理局をコロラド州に移したように、連邦官僚機構の一部をワシントンの泥沼の外に移すトランプ政権の取り組みを継続する。最大10万の役職がワシントンから移転される可能性がある。

9．連邦官僚が、大手製薬会社など、自分たちが取引し規制している企業に就職することを禁止する。

10．憲法を改正して連邦議会議員に任期制限を課す。

通常の神経を持った人々が、良識溢れるトランプ大統領の10箇条の公約を聞いて、深く頷《うなず》き、トランプ大統領を支持したのは当然の成り行きです！

トランプ大統領は何度も、「選挙日1日のみの投票、電子投票機ではなく投票用紙を使い、写真付き身分証明書の提示を義務づけて安全な選挙を実施する」と言っています。

ジョージアの裁判、及び、今年中に最高裁で取り上げられるであろう2020年の不正に関する裁判で、事実が明らかになれば、その後トランプ大統領がすぐ復帰しなかったとしても、11月の大統領選で電子投票機の使用が禁じられることは確実です。

ちなみに、エボラ、核戦争、内戦、大暴動などで肌でひしひしと感じられる臨死体験は、まだ眠っている人を起こし、人々のDNAにカバールに対する敵意を刻み込むために必要なスケアー・イヴェント（恐怖を味わわせる事件）です。そのため、ホワイト・ハット側も、なんらかのスケアー・イヴェントをカバールが展開することを、適度に許すはずです。

1月29日には、トランプ大統領がジョージアでの裁判で不正の証拠を提示することを阻止するために、裁判が行われることになっているフルトン郡がサイバー攻撃に遭い、税金と司法に関する業務が不可能になった、と、報道されています。

今後、カバールがどんな手を繰り出してくるか、しっかり見守っていきましょう！

第10章　2020年の大統領選の不正

◆各州での不正の実態

フェイクニュースを鵜呑みにすると、2020年の選挙で不正があった証拠はない、と思えてしまうでしょう。しかし、実際はカバールが不正をしまくり、バイデンのみならず、アリゾナの州知事選で〝当選〟したケイティ・ホブスを筆頭に、カバールの息がかかった知事、上院議員、下院議員、地方の議員を当選させていました。

また、不正に関する裁判も、実際に裁判が起きて〝不正はなかった〟という判決が下されたわけではなく、単に裁判所が取り上げなかった、というだけのことです。

ですから、トランプ支持者はジョージア州での裁判で、トランプ大統領が宇宙軍などが収集保管している不正の証拠を提示する日を、首を長くして待っているのです。

大手メディアからは無視されているものの、SNSで拡散された不正の証拠を、いくつかおさらいしておきましょう。

まず、激戦州の不正の証拠から、特にあきれかえる事項をいくつか拾っておきましょう。

●ジョージア州：トランプ大統領とバイデンの差は1万1779票。
ジョージア州の選挙規則は、期日前投票の投票用紙は投票管理者の立会いのもとでの署名照合を義務づけているが、署名照合はいっさい行われなかった。

31万5000票の投票結果については、集計機の封印が破られ、メモリーカードが取り外されていた。

大統領選の欄のみが記入された投票用紙が何千枚もあり、そのほとんどがバイデンを選んでいた。

起源不明の偽投票用紙が2万9777も集計されていた。

少なくとも2871票が、2回目の機械集計で2回または3回集計され、合計6118票の信憑性が確認できない。

フルトン郡で投じられた約14万8000票の不在者投票の90パーセントは、認証不能。

23万5000通の不在者投票用紙が、2020年選挙の180日前である2020年5月6日という合法的な期日より早く請求され、受理された。これらの票は2020年の選挙でカウントされるべきではなかった。

フルトン郡の人の手作業の集計監査結果に、ジョー・バイデン氏への4081票の偽票が、含まれていた。これらのミスだけで、票差は7698票に縮まる。

少なくとも6人の目撃者によれば、フルトン郡では、数千枚の折り目のない不在者投票用紙が、手作業による集計の間に集計された。これらの不在者投票の98パーセントがジョー・バイデンへの票で、「不正な方法で追加された」と目撃者は語った。

80万8680人しか有権者がいないフルトン郡は、2020年選挙の数日前に100万枚以上の不在者投票を発注した。登録有権者数よりも白紙の郵送投票用紙のほうが多かった、ということである。

●ウィスコンシン州：トランプ大統領とバイデンの差は2万682票。

ウィスコンシン州最高裁判所が2022年7月に4対3の判決で、「州議会の承認なしに、ウィスコンシン州選挙管理委員会のミーガン・ウルフが設置を決めた投票箱は州法違反だ」と、判決を下した。

2020年の選挙では、無期限拘束有権者（高齢や障害、病気などの理由で投票に行くことが物理的に不可能な有権者）の数が393パーセントも急増した。

マディソン周辺を管轄するデーン郡の民主党書記官であるスコット・マクドネルは、コロナウイルス対策として誰もが無期限拘束有権者と名乗ることができると全住民に告げ、コロナウイルスを有権者ID法を回避する方法として悪用した。

ミルウォーキー郡、デーン郡、ラシン郡の老人ホームでは、投票率が100パーセントであった。

マーク・ザッカーバーグが資金援助をしている団体が、ウィスコンシン州の主要都市への投票箱設置のための助成金を促進した。グリーンベイに5万ドル、ケノーシャに4万ドル、マディソンに5万ドル、ミルウォーキーに5万8500ドル、ラシーンに1万8000ドル。

●ペンシルヴァニア州：トランプ大統領とバイデンの差は8万555票。

投票総数が有権者総数より12万1240票多かった。

ペンシルヴァニア州の選挙不正を調査しようとしていたビル・マクスウェイン連邦検事は、ビル・バー司法長官から不正の捜査をやめろ、と命じられた。

マーク・ザッカーバーグが2020年のペンシルヴァニア州選挙に2500万ドル以上を注ぎ込んだ。1000万ドル以上が民主党が支配するフィラデルフィアの管轄区に寄付され、投票処理装置に550万ドル、投票箱に55万2000ドルが費やされた。

ブクヴァー州務長官は、選挙日の投票終了から11月6日までの間に受理された投票用紙は1万枚に過ぎない、と宣言したが、実際は選挙日終了後に7万1893票もの票が届き、これらのすべてが有効票として集計された。内訳は、11月4日から11月6日の間に受理：5万285

票、11月7日から11月11日の間に受理：1万1570票、11月12日以降に受理：1万38票。
●アリゾナ州：トランプ大統領とバイデンの差は1万457票。
マリコパ郡は選挙日終了以降に2万500通の郵送投票を受理した。
後日、州の公式記録と公式の署名検証訓練技術を用いて行われた署名照合検査で、38万976枚の投票用紙の約半数である18万1378票の署名は認定基準に達していないことが判明したが、これらの票も集計で加算されていた。
ピマ郡の2つの選挙区では、郵便投票の投票率が100パーセントを超え、40の選挙区では97パーセント以上だった
ピマ郡とマリコパ郡の期日前投票では、投票機があらかじめ決められた結果に到達するように設定されていた。
●ミシガン州：トランプ大統領とバイデンの差は15万4188票。
得票数が有権者数を27万1566票上回っている。これは、トランプ大統領とバイデンの差の1・5倍以上である。

デトロイトの役人が共和党の投票立会人（署名照合などの正当性を確かめるボランティア）の立ち入りを違法に妨害し、窓をふさぎ、警察を呼んで彼らを威嚇し、秘密裏に投票を集計した。

選挙当日の午前3時30分に、デトロイトの中央集計施設であるTCFセンターの裏口から数

千枚の投票用紙が運び込まれた。

ジョセリン・ベンソン州務長官は、不在者投票の署名確認規則を違法に変更し、「すべて正当だとして作業を進めろ」と、選挙作業員に命じていた。これは選挙法に違反する違憲行為である。

GBIストラテジーズという会社が、1125万4919ドルという巨額の費用を投じて、ジョー・バイデンのために有権者を登録する作業員を雇った。一例を挙げると、マスキーゴンの市役所では少なくとも8000人の有権者登録用紙が提出された。そのほとんどが偽名の偽《にせ》有権者で、この数は市民総数の2割以上である。

◆ドミニオン投票機の真実

次に、ドミニオン投票機が使っているスマートマティックに関する内部告発者の証言の一部をご紹介しましょう。

スマートマティック・ソフトウェアは、ベネズエラの選挙を独裁者ウゴ・チャベスに有利になるように操作するための犯罪的陰謀によって作られた。この陰謀には、チャベス大統領、ホルへ・ロドリゲスという全国選挙評議会の責任者、スマートマティックの複数の人間が関与していた。

チャベスは、各有権者の投票を検知されることなく変更し、有権者の投票が変更されたという証拠が残らないソフトウェアの設計を望んだ。スマートマティックは、そのようなシステムを作ることに同意し、チャベス大統領のためにその結果を達成するソフトウェアとハードウェアを作った。

アリゾナ州の選挙で使用されたドミニオン投票機のソフトウェアには、投票操作を監査から隠す機能が備わっていた。

不正を暴露するために訴訟を起こしている弁護士、シドニー・パウエルも、こう言っています。

「国防総省が２００６年に選挙結果をあらかじめ設定するアルゴリズムの特許を取得し、その後、ニュージャージー州の大学にその特許を譲渡していました。そして２０１９年に、ドミニオン社がすべての特許を香港上海銀行に譲渡し、その後、ドミニオンを所有するステート・ストリート・キャピタルに４億ドル以上の資金が注入されました」

つまり、国防省も絡んだ国際犯罪、ということです。

これだけ不正の証拠をつきつけられても、不正はなかった、と言い張る人は、今後死ぬまでずっとカバールの洗脳に身を任せて昏睡状態のままでいなさい。

不正の証拠の極めつきは、左記の事実です！

激戦州だったアリゾナ、ジョージア、ミシガン、ペンシルヴァニア、ウィスコンシンの他、テキサスやミズーリ、コロラドを含むほとんどの州で２０２０年に使われた電子投票機は、選挙管理機関が義務づけている検査を受けていませんでした。

つまり、これらの州で２０２０年に行われた選挙そのものが違憲行為だったので、２０２０年の選挙結果はすべて無効にされるべきなのです。

２０２１年1月20日、お別れのスピーチの最後で、トランプ大統領はこう言っています。

私はずっとみなさんのために戦います。みなさんを見守り、耳を傾けます。この国の未来はかつてないほど素晴らしいものになるでしょう。（中略）
さようなら。私たちはみなさんのことを愛しています。また何らかの形で戻ってきます。

トランプ大統領は、ホワイトハウスを去って以来、ずっとアメリカ国民のために戦い続け、アメリカを見守り、アメリカ人の声に耳を傾けてきました。

そして、今年、２０２４年、選挙で圧勝するか、２０２０年の選挙不正が裁判で証明されて正当な勝者として承認されるか、なんらかの形でトランプ大統領が帰ってきます！

第11章　イスラエル

◆偽旗工作だった〝ハマスのイスラエル攻撃〟

２０２３年10月6日（アメリカ時間では6日、イスラエル時間では7日午前6時）に起きたハマスのイスラエル攻撃は、アメリカ人の多くに「カバールが大昔から第３次世界大戦を起こそうとしていた」と気づかせるきっかけを与えてくれました。

まず、ハマスの攻撃が起きたのは、１９７３年10月6日に起きた第４次中東戦争（ヨーム・キプル戦争）のきっかり50年後だったので、ごく普通の人々も、漠然と「なんか、すっごい偶然だねぇ！」と感じました。

攻撃が起きているさなかに、イスラエル人、特に外国在住のイスラエル人たちがＳＮＳで、「鳥の動きも察知するイスラエルのアイアンドーム防空システムがハンググライダーで空から侵入してきたハマスの動きを察知できなかったはずはない！」と、疑問を投げかけました。さらに、イスラエルのネタニヤフ首相を筆頭に、西側の首脳や大手メディアのコメンテイターたちが、「これはイスラエルにとっての９・11だ！」と言い始めたことで、すでに目覚めた人々（９・11がカバールによる偽旗工作だと悟った人々）が、「これもカバールの偽旗工作だ！」と気づきました。

攻撃直後から数週間に渡って、バイデンや大手メディアが「ハマスがイスラエル人の赤ちゃんの首をはねている！」と煽り続けましたが、この時点では、すでに大手メディアの視聴率も信頼度も地に落ちていたので、マジョリティのアメリカ人はこのフェイクニューズを鵜呑みにすることはありませんでした。逆に、ジェイムズ・フェッツァー（偽旗工作探知専門家）やスコット・ベネット（オバマがイスラム国を作った事実を暴いた内部告発者）が、こう訴えました。

「これは、アメリカを第１次世界大戦に巻き込みたい英国が、〝ドイツ兵がベルギーを侵略して女性をレイプし赤ん坊を殺している！〟と大嘘をつき、父ブッシュがイラク攻撃を正当化するために、クウェイト大使の娘に〝イラク兵がクウェイトの病院を侵略して保育器から赤ちゃんを引きずり出して殺してる！〟と偽証させたのと同じだ！」

また、彼らは、イスラエルが偽旗工作を行った理由の１つは、ベン・グリオン運河を作るためにガザの住民を追い出す必要があったからだ、と教えてくれました。

さらに、デイヴィッド・ニーノ・ロドリゲスやスコット・マッケイ、などの保守派ポッドキャスターたちが、２０１２年のクリスマスに発行されたエコノミストの表紙に、ハマスがハン

ハマスがハンググライダーでイスラエルを攻撃するイラストが描かれている2012年のエコノミスト誌の表紙

近未来に行うことをこのように予告するのはカバールの常套手段だ

ググライダーでイスラエルを攻撃しているイラストが描かれていること、アルバート・パイクが3つの世界大戦を予告していたこと、ロン・ポールが「ハマスはイスラエルが作った」と指摘していたこと、Qが「イスラエルは最後にとっておく」と言っていたことを伝えました。

2012年のエコノミスト（カバールお抱え経済誌）の表紙をご覧になってください。カバールが近未来に行うことの予告がヴィジュアルに描かれているではありませんか！

このイラストを見て、アメリカ人の多くが、「カバールは、少なくとも11年前からイスラム教徒とイスラエルの戦争を企んでいたんだ！」と、気づきました。

◆アルバート・パイクの予告

次に、アルバート・パイクの手紙を見てみましょう。

1809年にマサチューセッツ州ボストンで生まれたアルバート・パイクは、15歳でハーヴァード大学に入学した天才で、南北戦争時代に南部連合の将軍として活躍しました。フリーメイソンのメンバーだったパイクが1871年に、同じくフリーメイソンのメンバーで〝イタリア建国の父〟として知られるジュゼッペ・マッツィーニに送った、とされる手紙に、こう記されていました。

アメリカでフリーメイソン、古代公認スコットランド儀礼を発展させたアルバート・パイク（南北戦争時の南部連合将軍）が、地下に潜ったイルミナティ第3代総長と言われるジュゼペ・マッツィーニ（イタリア建国の三傑の1人）に送った手紙には3つの世界大戦が予告されていた

ジュゼッペ・マッツィーニ
（1805－1872）

アルバート・パイク
（1809－1891）

ロン・ポール
（1935－　）

「ハマスはイスラエルが作った」と2009年に曝露したロン・ポール元共和党下員議員

息子ランド・ポール
（1963－　）

イルミナティがロシアにおける皇帝の権力を転覆させ、同国を無神論的共産主義の要塞とするために、最初の世界戦争（第1次世界大戦）を起こさねばならない。イルミナティの工作員がイギリス帝国とドイツ帝国の間に引き起こしたいさかいを利用して戦争を煽動する。戦争の終わりには、共産主義が構築され、他の政府を破壊し、宗教を弱体化させるために利用される。

ファシストと政治的シオニストとの間の相違を利用して、第2次世界大戦を駆り立てねばならない。ナチズムが破壊され、政治的シオニズムがパレスチナに主権国家イスラエルを建国できるほど強くなるようにするために、この戦争を引き起こさなければならない。

第2次世界大戦中、国際共産主義は、キリスト教世界と均衡を保つために、十分に強くならなければならないが、その後は、最終的な社会的大変動のために必要となる時まで、抑制され、抑えられる。

イルミナティの工作員が、政治的なシオニストとイスラム世界の指導者たちとの間に引き起こした相違に乗じて、第3次世界大戦を引き起こさなければならない。その戦争は、イスラム（ムスリム・アラビア世界）と政治的シオニズム（イスラエル国家）が相互に破壊し合うような形で行わなければならない。

一方、この問題で再び分裂した他の国々は、肉体的、道徳的、精神的、経済的に完全に疲弊するまで戦うことを強いられる。我々はニヒリストと無神論者を解き放ち、恐ろしい社会的大変動を引き起こし、その恐怖は、絶対的無神論の影響、残虐行為と最も血なまぐさい混乱の起源を、諸国にはっきりと示すことになる。

そうなれば、いたるところで、少数派の革命家たちから自らを守らなければならなくなった市民が、文明を破壊する者たちを駆逐することになる。そして、キリスト教に幻滅した大群衆の理神論の精神は、その瞬間から方向感覚も方向性も失い、理想を追い求めながらも、何を崇敬したらいいのか分からなくなり、ルシファーの純粋な教義が普遍的に顕現することによって、ついに大衆の目にさらされた真の光を受けることになる。

この顕現は、同時に征服、根絶されるキリスト教と無神論の破壊に続く一般的な反動運動の結果として生じる。

すでに目覚めた人々は、「アルバート・パイクの手紙も、近未来に起きることの〝予測〟ではなく、カバールが近未来に起こすことの予告で、今、まさにカバールが第3次世界大戦を引き起こそうとしているのだ！」と、悟りました。

◆ハマスはイスラエルが作った組織

カバールの悪巧みをいち早く見抜いていたリバータリアンの政治家、ロン・ポール（テキサス選出の元共和党下院議員でランド・ポール上院議員の父親）は、すでに14年も前に偽旗工作の仕組みを暴露していました。以下、２００９年に下院議会でロン・ポールが発した警告の一部です。

中東で起きていること、特に今ガザで起きていることに関しては、われわれがアラブ諸国とイスラエルの双方に援助と資金提供をしているので、ある意味で、アメリカは双方に対して道義的な責任があります。特に今日、多くのパレスチナ人を殺害するために使用されている武器はアメリカの武器であり、アメリカの資金がこのために使われているのですから、我々は道徳的責任を負っています。

私たちが関与すべきでない分野への介入は、しばしば反感を買うので、（中東介入は）政治的マイナス要因でもあります。

ハマスの歴史を見ればわかることですが、ハマスはイスラエルによって奨励され、立ち上げられた組織です、イスラエルは、ヤーセル・アラファトに対抗させるためにハマスを作ったのです。当時は、それでうまくいっていて、ハマスは役目を果たしていましたが、ハマスがこんなことをするとは思っていませんでした。私たちアメリカ人は、自分たちはこんなに優れたシステムを持っているんだから、それを世界に押しつけよう、と考えているのです。イラクを侵略し、人々に民主主義になる方法を教えよう、というわけです。自由選挙はすばらしい。だから私たちはパレスチナ人に自由な選挙をするよう勧め、その結果、ハマスが選ばれました。

我々はまず、イスラエルを通じて間接的、直接的にハマスの設立を手助けしました。そして選挙でハマスが多数党になってしまったため、彼らを殺さなければならなくなりました。理不尽な話です。1980年代は、我々はオサマ・ビンラディンと手を組んで、ソビエトと争っていました。その頃、CIAはイスラム世界を過激化させればいいと考えていたんです。だから、ソビエトに対抗するためにイスラム教徒を過激化させるマドラサ（イスラム教徒の学校）に資金を提供して、非常にネガティヴな反動を受けたのです。

2019年には、ネタニヤフ首相も「西岸のパレスチナとガザのハマスの統合を避け、分割統治をするために、ハマスに経済援助をしている」と語っていたことも、忘れてはいけません。

エコノミストの表紙を見て、アルバート・パイクの手紙を読み、ロン・ポールのコメントを聞いた人々は、しっかり目覚めて、「軍産複合体（＝カバール運営部）が金儲けのために延々と戦争を起こし、カバールは最終的に、ルシファー（悪魔）が支配するワン・ワールドを作ろうとしている！」と、確信しました。

そして、ハマスのイスラエル攻撃は、イスラエルへの同情心を煽って、イスラエルによるハマス徹底攻撃を正当化し、第3次世界大戦へと導くための偽旗工作だったに違いない、と思う人が続出しました。

Qが、「イスラエルは最後までとっておく」と言っていたことも、すでに目覚めた人々の間で大きな話題になっていました。ハマスのイスラエル攻撃でイスラエルにスポットライトが当たったことは、遂にイスラエルの出番が来た、という意味だと解釈できるので、シープル以外の人々は「ついにワン・ワールド達成の最終段階に突入した！」と悟りました。そして、地元の汚職選挙役員や汚職教育委員を排斥する、などの、ローカル・レベルでの政治活動にさらに力を入れました。

◆イランとアメリカのいがみ合いも〝ふり〟をしているだけ

ハマスのイスラエル攻撃のおかげで、バイデン政権とイランの癒着に気づく人が増えたことも忘れてはいけません。

バイデン政権は、よりによって2023年の9月11日に、イランに60億ドル払って、5人のアメリカ人の人質を返還してもらいました。ハマスが堂々とイスラエルを攻撃できたのは、この60億ドルで国庫が潤ったイランがハマスに資金援助をしたおかげです。

この事実は、大手メディアでは「陰謀論」として片付けられましたが、保守派の共和党議員たちがSNSで拡散したので、多くの人が知るところとなりました。ファクトチェック機関は、必死になって「バイデンがイランに渡した60億ドルがハマスに渡った、という証拠はない」と、伝えましたが、これに対して多くの一般人が、こう反撃しました。

「50ドルしか持っていなかったポールは、酒を買うのを諦めていたが、ピーターに100ドルもらったので、持っていた50ドルで酒を買った。ポールはピーターからもらった金で酒を買ったわけではないが、ポールが酒を買えたのはピーターから100ドルもらったおかげだ。これと同じで、ハマスが堂々とイスラエルを攻撃できたのは、バイデンから60億ドルもらったおかげで財政が楽になったイランがハマスに資金援助をしたから、つまり、バイデンが間接的にハマスに資金援助をしたからだ」

このように、一般人がプロのファクトチェッカー（＝カバールの偽情報拡散作業員）を間《かん》、髪《はつ》を入れずにファクトチェックしたことで、少なくともネット上ではイスラエルとハマスに関する偽情報の拡散は最小限にとどめられました。

これは、イーロン・マスクがX（ツイッター）に言論の自由を戻してくれたおかげでした（イーロン・マスクは、「人間の脳にマイクロチップを埋め込みたい」とコメントしているので、ホワイト・ハットではありません。しかし、彼はカバールに取って代わる新しい支配者になることを目指しているので、現時点で共通の敵であるカバールを倒すためにホワイト・ハットに協力しているのだと思われます）。

トランプ派の人々がX（ツイッター）で行ったファクトチェッカーのファクトチェックは、大手メディアの偽情報をほぼリアル・タイムで駆逐しました。その結果、アメリカ人の多くが、「大手メディアはフェイクニュース製造業者だ」＝「大手メディアをフェイクニューズと命名したトランプ大統領は正しかった！」と悟りました。

トランプ派の人々が行った真のファクトチェックの中から、特にインパクトがあった例をご紹介しましょう。

10月中旬にガザの病院が〝爆撃〟されたとき、大手メディアやカナダのトゥルドーなどの政治家たちが「イスラエルがガザの病院を爆撃した！」と吹聴して、イスラエルへの反感が一気に高まりました。しかし、この直後にＳＮＳでハマスのロケット砲が病院の駐車場に落ちた映像、及び、ハマスのロケット砲で破壊された病院の駐車場の映像が拡散されました。

この後、ハマスが大規模の地下トンネルを利用してテロ活動を行い、病院の地下に人質を隠していたことなども発覚し、ハマスが病院を訪れる患者や人質をヒューマン・シールド（人間の盾）として使っていたことが明らかになりました。

ハマスに関する不都合な真実が露呈された後も、左派のコメンテイターたちは、「地下トンネルはガザの民間人の防空壕としても役立つ」と、ハマスを弁護しましたが、これに対して、一般人がSNSで、「ハマスのスポークスマンが、『地下トンネルはハマスの人員を空爆から保護するためのもので、一般人の保護は国連の仕事だ』と言っている」と、反駁。こうして、ネット上では真実がじわじわと伝わっていきました。

また、ハマスが最初の攻撃を仕掛けた時点から、ニューヨーク・タイムズ紙、CNN、ロイター、APの記者たちが、ハマスに同行して、攻撃の一部始終をカメラに収めて、文字通り現場から生の映像、ダイレクトな情報を報道していたことも発覚しました。

これで、ハマスの攻撃を大手メディアがあらかじめ知っていたこと、知っていたのに攻撃を阻止しようとしなかったことが明らかになり、シープルも大手メディアの偽善にあきれかえりました。一方、ハマスの攻撃が偽旗作戦だと気づいていた人々は、Qのインテル・ドロップに何度も Enjoy the show !「ショーを楽しめ！」というコメントが出てくることを思い出して、

「これは、カバールが第3次世界大戦を引き起こそうとしていることを人々に痛感させるために必要なプロセスなのだ！」と、理解しました。

さらに、10月11日、トランプ大統領はフロリダで行ったスピーチで、「米軍がイランのソレイマーニ少将を殺す作戦を展開したとき、ネタニヤフは協力してくれなかった。がっかりしたよ」と漏らしました。トランプ支持者たちは、この一言を聞いて、「カバールが永遠に戦争を続けられるようにするために、イスラエルはハマスやイランという〝敵〟を陰で援助している！」と察知しました。

また、11月2日、トランプ大統領はテキサスで行ったスピーチで、2020年1月3日に米軍がイランのソレイマーニ少将を殺した後のイランの報復に関する秘話を、さりげなく暴露して、こう言いました。

「彼ら（イラン側）はこっちに電話してきて、こう言った。〝自尊心を守るために、イランはアメリカに報復せざるを得ないので、米軍基地に18発のミサイルを撃ち込みますが、心配しないでください。どれも命中しませんから。これらのミサイルは非常に正確で、定めた標的を外すことは絶対にありません。非常に信頼度が高い精密なミサイルです〟。僕はイランから話を聞いてたから報復攻撃に関して全然心配してなかったけど、他のみんなは心配してた。覚えてるだろう？　5発は空中で爆破し、残りは米軍基地の外側に落ちた。彼らは、報復攻撃をする、と、あらかじめ僕に伝えてくれたんだよ。アメリカという国家を尊敬していたからさ」

これで、ソレイマーニ暗殺の報復攻撃は、イランが、自尊心を守るため、世間体を保つために行わざるを得なかったフェイク報復だったことが明らかになりました。

この逸話の主旨は、イランがトランプ大統領率いるアメリカを尊重していたので、あらかじめトランプ大統領に攻撃がフェイクだと伝えた、ということです。しかし、それと同時に、大衆の目に見える軍事行動の陰で、実はさまざまな政治的駆け引きが行われている、という国際紛争の舞台裏の実態も暴露されました。

その結果、すでにカバールの存在に気づいた人々は、イランとアメリカのいがみ合い自体も、そもそもお互いの了解の上で攻撃し合うふりをしているだけなのだ!、と、痛感しました。そして、すべては軍産複合体にぼろ儲けさせて、カバール関係者に金を横流しするための資金洗浄の手段にすぎない、と確信したのです。

◆パレスチナ支持派のデモを煽っているのもカバール

ハマスのイスラエル攻撃は、欧米の移民政策と学校の洗脳教育の欠点を露呈する起爆剤としても役立ちました。

イスラエルの報復攻撃が始まるやいなや、先進国の大都市や大学でパレスチナ支持派が暴力的なデモを展開し、大手メディアやほとんどの政治家が彼らの暴行を弁護しました。

ムスリムによる暴行がとりわけ激しかったのは、元フランス領のアルジェリア、チュニジア、モロッコからの移民が多いフランスや、シリア紛争後にイスラム諸国からの難民が大量に流れ込んだドイツ、北欧、英国、アイルランド、オバマ時代にムスリム・ブラザーフッドが教育組織を乗っ取ったアメリカ（詳細は『アメリカ衰退の元凶バラク・オバマの正体』参照）でした。

連日連夜繰り広げられたパレスチナ支持者による横暴、及び、彼らの暴力と反ユダヤ思想を庇護する大手メディアの偽善の例をいくつかおさらいしておきましょう。

●アイルランドのダブリン大学で、ムスリムの学生が「10月7日に起きたことを何度も繰り返してやる！　アッラーフ・アクバル！」と叫んで、ユダヤ系の学生たちを脅した。
●シカゴでは、パレスチナ支持者が8車線を占領してデモを行い、警官と小競り合いを起こした。
●暴徒と化したパレスチナ支持派の大学生たちがミシガン大学の校舎に押し入った。
●TikTokで、9・11のアメリカ攻撃を正当化するオサマ・ビン・ラディンの手紙を絶賛する投稿がトレンドになった。

●ロスアンジェルスでパレスチナ支持者がユダヤ系の老人を殺したが、NBCは「カリフォルニアのデモで老人が死んだ」と伝えた。
●ストックホルムの大通りもおびただしい数のパレスチナ支持者のデモ隊に占領された。
●エッフェル塔でイスラム国支持者が複数の旅行客を刺した。
●マラウィでムスリムのテロリストがカトリック教会のミサに手榴弾を投げ込み、少なくとも4人を殺し、50人にけがを負わせた。
●ロンドンで、ナチスも驚く反ユダヤ、反イスラエルの大規模なデモが行われた。
●イランの指導者やハマス関係者が世界中のムスリムに「蜂起せよ」と呼びかける最中《さなか》、ダブリンでアルジェリアからの移民がアイルランド人の子供たちをナイフで刺す事件が起きた。この後、ダブリン市民が参加した移民反対のデモが暴動と化したが、元祖フェイクニューズのBBCは、「アイルランド人がナイフで複数の子供を刺した」と伝え、ダブリン警察は、「極右思想の精神錯乱者たちが反移民の暴動を起こした」と伝えた。
●モントリオールのユダヤ人センターに火焔瓶が投げ込まれた。
●ロンドンの道路も橋もパレスチナ派のデモ参加者で埋め尽くされ、ロンドンがムスリムが牛耳る町であることがヴィジュアルに理解できた。
●英国国旗は取り締まってもパレスチナの旗は取り締まらないイングランドの警官が、パレスチナの旗を取り締まらない理由として「我々よりパレスチナ支持者のほうが圧倒的に多いからだ」と、本音を漏らした。

●パリの大通りを選挙したムスリム群衆がイスラム教の祈りを捧げ、パリがムスリム支配下にあることを見せつけた。

●おびただしい数のパレスチナ支持者たちがベルリンの道路を埋め尽くし、ベルリンもムスリムの天下であることを証明した。

●ドイツで行われたパレスチナ派のデモで、ムスリムの移民が「そのうちムスリムが人口の多数を占め、ドイツ憲法を廃止してイスラム法を憲法にする」と、平然と語った。

●ロンドンの両派のデモで、警察はイスラエル派のデモ参加者のみを取り締まった。

●パレスチナ派の暴徒が、ニューヨークのグランド・セントラル・ステーションを襲撃した。

●ニューヨークでパレスチナ派デモ隊が、〝インティファーダ！　革命！〟と叫びながら、道路と歩道を占拠した。

●ニューヨークの高校で、イスラエル支持のデモに参加した教師がパレスチナ派の学生たちに襲われた。

●ニューヨークで、パレスチナ派の暴徒がメイシーズの感謝祭パレードを妨害し、阻止しようとした。

世界の大都市はムスリムだらけ

ニューヨークのグランド・セントラル・ステーションを襲撃するパレスチナ派の暴徒

パリの大通りを占拠して路上でイスラム教の祈りを捧げるムスリム

●ニューヨークで膨大な数のムスリムが集会を開き、〝ラー・イラーハ・イッラッラーハ！モハンマダン・サッラー・ラーフ・アレイヒ・ワ・サッラム！（アッラー以外に神はいない。ムハンマドにアッラーの祝福と平和あれ）〟と叫んで、ニューヨークをイスラム教化しよう！、と訴えた。

●パレスチナ支持派が、〝襲撃すべきユダヤ資本の店、銀行、組織〟を記したマンハッタンの地図をＳＮＳで拡散した。

●ＮＦＬの試合観戦時に、ボックス席でイスラエル国旗を広げたビジネスマンを、警備員が無理矢理外に連れ出した。

●ワシントンＤＣの民主党本部を、パレスチナ派デモ隊が襲撃して、警官と小競り合いを起こした。

●コロンビア大学で、ヒラリー・クリントンの特別講座のクラスをパレスチナ派が占拠して、イスラエルを支持するヒラリーを糾弾した。

●ハーヴァード、ＭＩＴ、ペンシルヴァニア大学でパレスチナ支持派がユダヤ人皆殺しを呼びかけユダヤ系学生を迫害しているが、学長はこれらの暴言を糾弾していない。

●パレスチナ派の暴徒がロックフェラー・センターのクリスマスツリー・ライティング・セレモニーに押しかけた。１人はナチスの鉤《かぎ》十字のプラカードを掲げていた。

これらのデモ、集会、暴行は、大手メディアでは〝パレスチナ支持者の平和的なデモ〟と伝えられました。しかし、SNSで真実が拡散されたので、欧米の一般市民が自分たちの国がムスリム移民に乗っ取られたことを痛感し、移民に甘すぎる政策の見直しを望む声が一気に高まりました。こうしたデモが起きるまでは、ムスリムの移民たちは各国に散在する移民の多いコミュニティの中で暮らしていたので、一般人はムスリム移民が急増したことをなんとなく知っていただけでした。しかし、ハマスとイスラエルの戦いが始まって、散在していたムスリムがパレスチナ支持のデモや集会に結集したことで、いかにおびただしい数のムスリムが欧米になだれ込んだか、その実態が初めてヴィジュアルに明示され、一般人が恐るべき移民政策の実態を遂に理解したのです。

また、BLMの実態を暴露したインディペンデント・ジャーナリストのアンディ・ノーやクリス・ルーフォが、パレスチナ支持派のデモを煽って暴動を起こしている人間たちが、BLMの暴動を引き起こした連中であることを指摘し、パレスチナ支持の暴動も自然発生的なものではなく、カバールが陰で糸を引く偽旗工作であることが分かりました。

そして、この大覚醒で、「大量移民受け入れ政策は、我々の文化伝統のみならず、経済、政治体制を内側から破壊するための策略だ！」と悟った人々は、国境に壁を建設して不法移民を閉め出したトランプ大統領に、改めて感謝しました。

◆イスラエル紛争がアメリカ国民を大覚醒へと導いた

ハマスとイスラエルの戦いは、イランの脅威とハマスに肩入れするアメリカ在住ムスリムのテロの可能性を煽る道具としての役割も果たしました。

ハマスに資金援助をしているイランの指導者が、予定通りに「イスラエルに死を！　アメリカに死を！」と叫んだ後、大手メディアは〝待ってました！〟とばかりに、イランのハッカーによるサイバー攻撃の可能性を煽りました。12月2日には、「ペンシルヴァニアの水道局の施設がイランのハッカーの攻撃を受けた」と伝えられました。

12月5日には、クリストファー・レイFBI長官が、「ハマスを支援する者たちによるテロがアメリカ国内で起きる可能性が高い」と、テロ警告を発し、目覚めた人々は、「カバールがアメリカ国内でサイバー攻撃やテロを企んでいる！」と察知しました。

同時に、アメリカはイスラエル援助というかたちで戦争に加担し、イスラエル紛争が第3次世界大戦へと発展する可能性が高まり、バイデン政権が徴兵制度を復活させようとしていることを知った若い世代の人々が、バイデンに反感を抱くようになりました。

そして、戦争に反対する伝統的な民主党支持者も、4年間1度も戦争を起こさず、アブラハム合意を成立させて中東に平和を戻し、「私が大統領だったらイスラエル攻撃などあり得なかった」と断言しているトランプ大統領の復活を望むようになったのです。

トランプ大統領は、すでに2012年に、オバマがアメリカに導入したムスリム・ブラザーフッドを「アメリカの敵」と批判し、2015年には、「英国はムスリムの大問題を隠そうとしているが、みんな何が起きているか知っている」と、ツイートし、ムスリムの移民が過激派テロリストになる可能性を指摘していました。

カバールがムスリムを使って第3次世界大戦を引き起こそうとしていることを大昔から熟知していたトランプ大統領は、選挙演説で何度も「第3次世界大戦を防止できるのは私だけだ！」と強調し、民主党支持基盤のユダヤ系アメリカ人の間でもトランプ大統領の支持率がじわじわと上がっていきました。

一方、アイルランドでは、移民に甘い政府の政策を批判した総合格闘家のコナー・マグレガーが、ヘイト・クライムの容疑で取り調べの対象になった後、次期大統領選に出馬の意向を示し、〝アイルランドのトランプ！〟と、絶賛されています。イーロン・マスクも、マグレガーの出馬に期待を寄せ、ファンたちも、トランプ大統領のスローガン、Make America Great

Again！MAGA（アメリカを再び偉大に！）をもじってMake Ireland Great Again！MIGA！（アイルランドを再び偉大に！）とSNSに投稿しているので、実際に出馬したら勝てるかもしれません。

マグレガーは、労働者階級の人々の代弁者であるとともに、〝ウォウク〟思想（肉体的に強い男性、クリスチャン、白人文化、そして白人を憎み、トランスジェンダーやペドフィリアを推奨）の批判者です。格闘技が大好きなトランプ大統領の友人でもあるので、マグレガーの人気は、そのままトランプ大統領の支持率に加算されました。

また、2021年に議事堂に平和的に歩いて入ったトランプ支持者たちを投獄したバイデン政権下の警察や司法機関が、パレスチナ支持派の暴徒を取り締まらなかったことで、トランプ派にはやたら厳しく、左派には甘いバイデン政権の司法組織のひずみが浮き彫りになりました。

イスラエル紛争が始まったとたんに、ウクライナの話題がニュースや情報番組から一斉に姿を消したことも、〝目覚まし活動〟の一環として役に立ちました。これで、ごく普通の人々が、「今までさんざん〝ウクライナの民主主義を守らなければならない！〟と叫んでいた議員やセレブは、いったいどこに行ってしまったんだ？」と思って、ウクライナが単なるトレンドだったことに気づいたのです。

イスラエル軍が公開したハマスの地下トンネルはジープが通れるほど立派なものだった。カバールによる子供の人身売買にも使われている可能性がある

Qのフォロワーたちは「ヴァチカンとエルサレムをつなぐ1500マイルの地下トンネルがあり、そこに隠されている大量の金塊をホワイト・ハットが押収した」と告げるビデオをSNSで拡散した

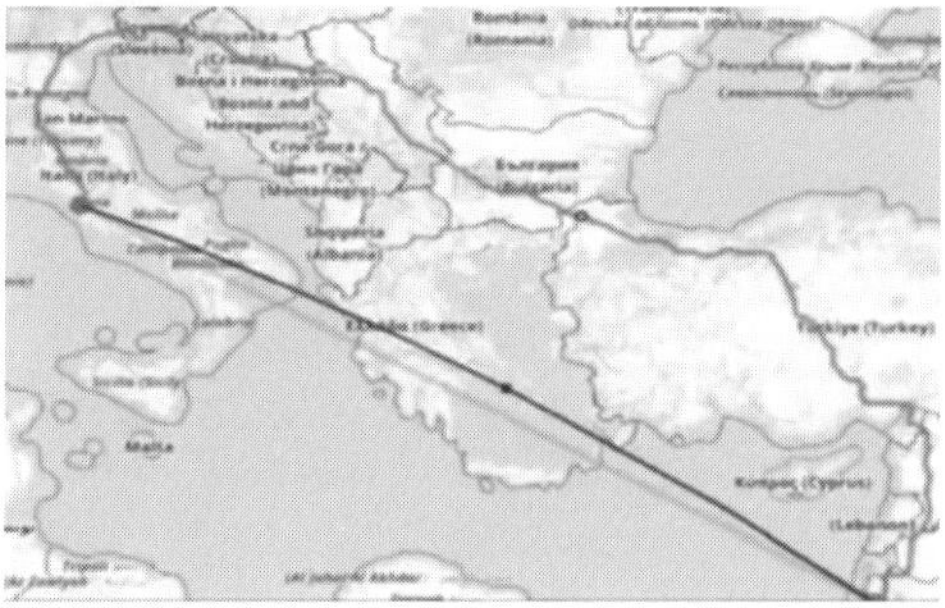

さらに、2023年12月17日には、ハマスがガザの地下に作った、ジープが走れるほどのトンネルの映像を、イスラエル軍がYouTubeで公開しました。すでに目覚めた人々は、この地下トンネルは、人身売買、とりわけ子供の人身売買にも使われているかもしれない！、と察知しました。そして、Qのフォロワーたちが「ヴァチカンとエルサレムをつなぐ1500マイルの地下トンネルがあり、そこに隠されていたおびただしい量の金塊をホワイト・ハットが押収した」と告げるビデオをSNSで拡散し、「人身売買にもこうしたトンネルが使われてる！」と、コメントしました。おかげで、それまでくだらない陰謀論として片付けられていた〝カバールは地下トンネルを使って人身売買をしている〟という〝仮説〟が、急に信憑性を帯びてきました。

こうして、イスラエル紛争は、さまざまな観点からアメリカ国民を大覚醒へと導いてくれたのです。

第12章　ウクライナ

◆大拡散したコメディアン、アレックス・スタインの風刺ビデオ

ウクライナは、大手メディアとセレブ、及びほとんどの議員たちがいかにフェイクであるかを暴露するきっかけになりました。

ロシアがウクライナに進行したのは、元祖ナチの子孫が牛耳るウクライナ政府が、ロシア系住民を迫害して殺し続け、オバマの援助を得てロシア系住民のみを殺す化学兵器を開発していたからです。ウクライナの蛮行に堪忍袋の緒が切れたプーティン大統領が遂に行動に出た。これがウクライナの真相です（詳細は『フェイクニュース・メディアの真っ赤な嘘』参照）。

しかし、大手メディア、セレブ、大多数の議員は、「悪党ロシアがウクライナを侵略したので、アメリカはウクライナの民主主義を守らなければならない！」と訴え、莫大な資金援助と、反撃という形の戦争を支持しました。そして、カネや武器援助の流れが途絶えないようにするために、「ウクライナ・ロシアの戦争は、ウクライナが優勢で、ロシアが負けるのは時間の問

題だ！」と、大嘘を吹聴し続け、SNSのハンドルに黄色とブルーのウクライナの国旗を添えて、自分がウクライナ支持者であることをアピールしました。

大手メディアのサイオプが功を奏し、ロシアのウクライナ進行以降、約1年に渡ってアメリカ中が「ウクライナ支援は民主主義を守るためだ！」と、本気で信じ込んで、政府機関の建物や、学校、店、一般人の家でも、ウクライナの国旗が掲げられました。

ペニスでピアノを弾いていたコメディアンから大統領に昇格したゼレンスキーは、たちまちヒーロー扱いされ、アメリカ議会で演説して拍手喝采を浴び、ゴールデン・グローブ授賞式にも特別ゲストとしてビデオ出演し、平和を訴えるメッセージを伝えました。

ロシアの進行以来、大手メディアも9割以上の議員も、軍事評論家も、一貫して「ウクライナが大健闘している！」と言っていましたが、これは、第2次世界大戦中の日本政府が「我が国は勝利を収めている！」と言い続けていたのと同じでした。

しかし、ダグラス・マグレガー元陸軍大佐、「イラクは大量破壊兵器を保有していない」と暴露した元国際連合大量破壊兵器廃棄特別委員会（UNSCOM）主任査察官のスコット・リター、オバマがイスラム国を作ったことを暴露したスコット・ベネットなどのトゥルース・テラー（真実告白者）たちが、ロシアが圧勝していること、カバールがウクライナとロシアを使って第3次世界大戦を引き起こそうとしていること、ウクライナが人身・臓器売買の拠点であることをポッドキャストで伝え、ウクライナの真相が徐々に明らかになっていきました。
ウクライナの民主主義と自由を守るために、巨額の資金援助、軍事援助をすることに対して、シープルが疑問を抱くきっかけをつくったのは、テキサス在住のコメディアン、アレックス・スタインのスタント行為でした。2022年5月、大手メディア、民主党議員、大多数の共和党議員が「ウクライナを助けないと第3次世界大戦になる！ ウクライナ支援は米国国民の義務だ！ アメリカが戦場と化すことを防ぐためにもウクライナを守らねばならない！」と騒いでいた最中、アレックスは左記のビデオを YouTube に載せました。
https://www.youtube.com/watch?v=-9mR36gJB6I
バイデンが国境を開放したせいで不法移民がなだれこんでいるテキサス州のリチャードソン市議会公聴会に、迷彩服で出席したアレックスは、市議会議員たちの前で、熱弁を振るい、こう訴えました。

小生の名はマーカス・マシューーズ。ウクライナ外人部隊の軍曹です。あなた方のうちの何人かをリクルートして、第3次世界大戦に参戦させるために、今日、ここに参りました。
正気の沙汰ではない、と聞こえるかもしれませんが、今起きていることは悪夢そのものです。ウクライナの子供たちが、ロシア軍の爆弾攻撃を受けているのです。もしあなた方の誰か1人でも外人部隊に参加してくだされば、戦況を一変させることができます！

あなた方は市議会のメンバーとして力を持っていることを理解していません。

もし1人の議員が、（ゼレンスキーの写真を見せながら）この人物、ウラジーミル・ゼレンスキーのために立ち上がれば、状況を改善できるのです。警備員のあなた、パソコンを見ているあなた、あなたが状況を改善できるのです！　そちらにいるあなたも、あなたも、あなたも状況を改善できます！

人生は短いものです。あなたは取るに足らない人間として一生を終えたいですか？　それとも英雄として死にたいですか？　みなさん、やる気になってきましたね。外人部隊に加入して、アメリカ人の代表者としてウクライナで戦いたいと思いませんか？

入隊に興味をお持ちなら、この用紙にサインして、あなたの名前、社会保障番号、旧姓、母親の旧姓、クレジットカード番号を記入してください。飛行機の席を確保するために少額の予約金が必要ですから。入隊すれば、この国を暴政から守ることができるのです！

ここ、テキサス州リチャードソンで、ウラジーミル・プーティンが住民の家のドアをたたいているのですよ！　核ミサイルが裏庭に落ちてきてもいいんですか？

たった1人でもいいですから、ブギーマン（子鬼、カバールが偽旗工作のためにでっちあげる架空の敵）を恐れない議員が必要なのです。

コメディアン、アレックス・スタインがテキサス州リチャードソン市議会公聴会で行った風刺演説は、タッカー・カールソンの番組で全米で放映され、自国の国境は守らないのにウクライナの国境を守ろうとし、自らは戦闘には参加しない政治家の偽善をアメリカ中に見せつけた（2022年5月）

私は恐れていません。私はこの戦いで妻を失いました。私が祖国、アメリカのためにウクライナで戦っている間に、妻は19歳の男性と駆け落ちしたのです。しかし、その代償は、（ゼレンスキーの写真を見せて）この人物です。彼は英雄です！

彼は自分の命を危険にさらすこともいとわない。彼は正義のために死ぬ覚悟でいるのです！　全世界で最も重要な国境はロシアとウクライナの間の国境です。あなたは、状況を改善することができるのです！

（市議会議員の女性に呼びかけて）ジェシカ、心を開いて考えてみてください。ソファでネットフリックスを見ながら臆病者として一生を終えたいか、それとも入隊して戦い、ウクライナ侵攻を終わらせ、ゼロではなくてヒーローになるか。

私はみなさんにお願いしているのです。彼のために入隊してください！　彼は、みなさんのために戦いますよ！　彼はテキサスのリチャードソンを愛しているからです。私もリチャードソンを愛しています。リチャードソンはとても重要な大都市圏の中に位置する重要な都市ですから。

ここで、冒頭で申し上げたことを、再び言わせていただきます。

あなた方の中からたった1人でも入隊していただければ、それがインスピレイションとなって、何千人、何百万人もの人々を戦場へと駆り立て、戦争に勝つことができるのです。

後に歴史の本が書かれたとき、あなた方が善の側か悪の側の人間として描かれることになりますが、みなさんはウラジーミル・プーティンに組した、と書かれてもいいのですか？　私は絶対にプーティン側だったとは、書かれたくありません。プーティンは邪悪です。彼は子供や野良犬、野良猫を爆弾で殺しています。私は菜食主義者なので、肉は食べません。爆弾で焼け焦げたネコの死体をテレビで見ると、胸が悪くなります。そして、何かしなければならない！、と痛感するのです。

みなさんも、ウクライナ外人部隊に入隊すれば、助けになることができるのです。我々がみなさんを訓練しますから、訓練の経験がなくても入隊できます。実際のところ、下手なトレーニングを受けていない人のほうが望ましいのです。我々が銃の扱い方、戦い方、勝ち方をみなさんにお教えします。

ですから、お伺いしたい。今日、誰が入隊してくださいますか？　誰が立ち上がって、入隊手続きを済ませてくれますか？　誰か、入隊してくれる人はいませんか？

臆病者は、正義のために死ぬ覚悟などないでしょう。しかし、私は死ぬ覚悟でいます。それがみなさんと私の違いです。あなた方は臆病者で、私は英雄です！

あなた方は決して自分は戦わず、歴史の本が書かれたとき、悪の側の人間として記されるのです！　今、ここで、この用紙にサインすれば、戦いに行ける、というのに！

この風刺ビデオは、当時、ケーブル・ニュースでNo1の視聴率を誇っていたフォックスのタッカー・カールソンの番組で報道され、その後SNSのさまざまなプラットフォームで拡散されて、おそらく数百万人の人々の目にとまりました。

アレックスが演じたパロディは、自国の国境は守らないくせにウクライナの国境を守り、民主主義防衛のために米兵の命を平気で犠牲にして、自分は戦闘に参加しない政治家の偽善を、ハッキリと見せてくれました。おかげで、大多数のシープルも、ウクライナへの度を超した援助に疑問を抱くようになりました（YouTube は裏で小細工をして視聴者数や〝いいね〟の数を抑えていますが、実際の視聴者数は100万人を越えているはずです）。

◆ウクライナ支援強硬派のカナダ副首相フリーランドは筋金入りのナチの血筋

イーロン・マスクがツイッターを買収した後は、ウクライナの実情がどんどん拡散されるようになり、2023年後半には、一部の大手メディアでも不都合な真実が報道されるようになりました。

中でも、とりわけごく普通の民主党支持者に大きな衝撃を与えたのは、カナダ議会が元ナチ人親衛隊員を英雄扱いしたスキャンダルでした。

9月22日、ウクライナのゼレンスキー大統領がカナダ議会を訪れた際に、カナダ議会が第2次世界大戦中にロシアと戦ったウクライナからの移民、ヤロスラフ・フンカを〝ウクライナとカナダの英雄〟として称え、議員全員が起立して拍手喝采を送り、フンカに敬意を表しました。ゼレンスキーの議会訪問に合わせてフンカを議会に招いたアンソニー・ロタ下院議長は、フンカを絶賛して、こう述べていました。

「今日、ここに、第2次世界大戦でウクライナの独立のためにロシア軍と戦ったウクライナ系カナダ人の復員兵をお招きしました。彼は、98歳になった現在もウクライナ軍を支援し続けています。彼はウクライナの英雄であり、カナダの英雄でもあります。兵士として義務を果たしてくれた彼に、我々は感謝しています。ありがとう！」

第2次世界大戦中にフンカがロシアと戦ったのは事実です。しかし、フンカが所属していたのは、ポーランド人の大虐殺を行ったことで悪名高いナチスの親衛隊、第14SS武装擲弾《てきだん》兵師団「ガリーツィエン」（ウクライナ第1）で、フンカは筋金入りの人種差別主義者でした。

フンカの実態を知るユダヤ系のカナダ人たちが、カナダ議会に抗議した後、ロタは辞任に追い込まれ、トゥルドーは謝罪はしたものの、「知らなかった」としらを切り通しました。それでも、この一件で、カナダのクリスティア・フリーランド副首相がことあるたびに〝私が尊敬する人〟として絶賛している彼女の祖父も筋金入りのナチで、第14SS武装擲弾兵師団「ガリーツィエン」（ウクライナ第1）の隊員のリクルートをしていた史実に再び注目が集まってしまいました。

実は、この史実はロシアがウクライナに進行した直後、フリーランドがやたらウクライナ援助を叫んでいた時に、すでに明るみに出ていました。しかし当時は、誰もが本気でロシアが悪いと思い込んでいたので、ロシアの邪悪度に比べたら、〝元祖ナチの血筋〟という事実は邪悪度が低い、と見なされて、フリーランドを批判する人はほとんどいませんでした。

しかし、2023年9月下旬の段階では、カナダ人の約半数がウクライナの真相に気づいていたので、副首相という重要な地位に就いている政治家が、実は元祖ナチの孫娘で、ナチスの信条の崇拝者である、という事実にやっとスポットライトが当たり、フリーランドを批判する人が激増したのです。

◆ゼレンスキーはバイデンをウクライナでの資金洗浄をネタに脅している

また、反戦派の人々、つまり伝統的な民主党支持者の覚醒に役立ったのは、実はロシアがすでに2022年3月に停戦を求めていた、というニュースでした。

２０２３年11月25日、典型的なリベラル反戦派が集うサイト、antiwar.com に、「ウクライナがＮＡＴＯに加入せずに中立を保つなら、戦争をやめる、と、２０２２年3月にロシアが終戦に合意したが、ウクライナが勝つまで戦争を続けたい西側諸国が終戦に反対した」と伝えました。

この記事を読んで、ベトナム戦争時代から反戦を訴えていた伝統的な民主党支持者たちが、「西側諸国が軍産複合体に利益をもたらすために戦争を長引かせている」という醜い裏事情をしっかりと把握しました。さらに、ウクライナがきっかけで第3次世界大戦が起きたときに徴兵されるかもしれないアメリカの若い世代の人々も、この記事のおかげで、「ウクライナで起きている戦争は、正義のためや民主主義を守るためではなく、単なる金儲けのためだ」と悟り、伝統的な左派と若い世代のバイデン支持率がどんどん低下していきました。

政治にもウクライナ事情にもさしたる興味を示していなかった人々が目覚めるきっかけとなったのは、やはりカネの流れでした。

ウクライナ紛争が始まった当初は、ほとんどのアメリカ人が「民主主義を守るためにウクライナを援助しなければならない！」と、本気で信じていました。しかし、紛争が長引いて支援金の額がかさむにつれ、前代未聞のインフレで経済的に苦しんでいた多くのアメリカ人が、惜しげもなく巨額のカネをウクライナに与えることに疑問を抱くようになりました。

そんな最中、2023年8月に、ウクライナへの支援金、1130億ドルがアメリカの1世帯にとって900ドルの負担となることが明らかになりました。

9月には、ゼレンスキーが、JPモルガンなどの銀行関係者、投資家、ヘンリー・キッシンジャーなどを接待して、ウクライナの戦後復興事業の契約を取り付けようとしていることが分かりました。

11月16日には、トランプ大統領のウクライナ疑惑を晴らすために、ウクライナに行って汚職の調査をしたルーディー・ジュリアーニ元ニューヨーク市長が、「バイデンがウクライナに巨額の支援金を与えているのは、バイデンの資金洗浄の証拠を握っているゼレンスキーにゆすられているからだ」と、コメントしました。

2023年11月21日には、アイルランド人の反戦派の学者、チェイ・ボウズが設立したニュース・サイトが、「ゼレンスキーは2人の親友の名義を借りて、7500万ドルで豪華ヨットを2隻買った」と伝えました。

また、すでに目覚めた人々の間でインフルエンサーとして人気を博しているデイヴィッド・ニーノ・ロドリゲスやスコット・マッケイが、「コソヴォ、ボスニアの紛争でも、セルビアのミロセヴィッチは停戦を望んでいたが、軍産複合体とクリントン政権にそそのかされたムスリム側が戦争を長引かせ、終戦後はカバールのハゲタカが舞い降りて復興事業でぼろ儲けした」

という史実を教えました。

これで、アメリカ人の大半が、ウクライナ紛争もカバールが金儲けのために起こした偽旗工作で、バイデンはゼレンスキーに国民の税金を使って口止め料を払っている！、と気づきました。

そして、イスラエル紛争勃発後、大手メディアが一気にイスラエル一色になり、ウクライナの戦争がすっかりテレビの画面、新聞の紙面、オンライン・ニュースのスクリーンから消え去りました。これで、「なぁんだ、ウクライナの民主主義を守ろう！ってのは、資金洗浄を正当化するための単なるお題目に過ぎなかったんだぁ！」と悟りました。

さらに、チェイ・ボウズのサイトがゼレンスキーの豪華ヨット購入の話題を伝えた1カ月前に、トランプ大統領がニュー・ハンプシャーで行った演説で。アドリブでこう付け加えていました。

「アメリカの首都の舗道と来たら、ひびが入って汚いのに、アメリカは何千億ドル、何兆ドルもの巨額の資金を外国に与えていて、そのお金がどこに行くのかさえ知らない。400フィートの美しいヨットが停泊しているのを見れば、カネの行き先がわかるだろう。いつか、〝彼はどうやってそんなに儲けたんだろう？〟と、疑問を抱くことになるだろうね」

トランプ大統領が何気なくサラッとつぶやいたこの一言で、ゼレンスキーの汚職が話題になる1カ月前に、トランプ大統領はすでにウクライナ支援金のカネの流れをしっかり把握していたことが明らかになりました。

これで、トランプ支持者たちは、「やっぱりトランプ大統領とホワイト・ハットは、あらゆる情報をつかんでいて、ウクライナ紛争を逆手にとってカネの流れをつかもうとしている！」と確信しました。そのおかげで、カバールがどれほど恐ろしい偽旗工作を講じようが、銃を所持する保守派アメリカ人たちは平和的ではない抗議運動をすることは一切ありませんでした。

第13章　トランプ大統領が送ったシグナル

◆トランプが今でも米軍の最高司令官

トランプ大統領は、支持者を励まし、まだ眠っている人々を起こし、すでに目覚めた人々に現状を伝え、退役軍人たちの武装蜂起を防止するために、さまざまなシグナルを送り続けました。

スピーチやトゥルース・ソーシャルで、トランプ大統領は繰り返し、こう言っています。

「絶対に忘れちゃいけない。敵が僕の自由を奪おうとしてるのは、やつらが君たちの自由を奪おうとすることを僕が阻止しているからだ。敵が僕を黙らせようとするのは、やつらが君たちを黙らせようとすることを僕が決して許さないからだ。彼らが狙っているのは、僕じゃなくて、君たちなんだ。僕は、ただ彼らを阻んでいるだけだ」

最後の一言 I just happen to be standing in the way. は、文字通り訳すと「僕はたまたま彼らと君たちの間に立ち塞《ふさ》がってるだけだ」です。トランプ支持者たちは、この一言を聞く度に、テルモピュライの闘いで、山と海に挟まれた狭い道に立ちはだかって、ペルシャ軍の侵入を阻止したスパルタ王、レオニダスを思い浮かべます。そして、身体を張ってカバールの攻撃から民衆を守ってくれるトランプ大統領に心から感謝しているのです。

〝人々の自由を守るために、強大な敵軍の前に立ちはだかる犠牲的精神溢れる勇敢な戦士〟というイメージを植えつけたトランプ大統領のこの一言は、お見事なポジティヴ・サイオプです！

映画、『300』のレオニダスをモチーフにしたトランプ大統領のイメージは、MAGA派の人々のお気に入りで、テキサスのド田舎でも、トランプ大統領をレオニダスに例えたイラストの自家製Tシャツを着ている人を時々見かけます。

2022年後半以降は、トゥルース・ソーシャルでQ支持者のポスト（投稿）をリトゥルースしたり、Qのインテルをそのまま載せて、Qがトランプ大統領のお墨付きのインテル拡散作戦であることを知らしめました。

とりわけQ支持者を喜ばせたのは、左記の2017目10月29日に掲載されたQインテル・ドロップ11のリトゥルースでした。

要点：

映画『300』のレオニダスをモチーフにしたトランプ大統領のイメージは、MAGA派の大のお気に入り

軍事情報機関 vs ＦＢＩ　ＣＩＡ　ＮＳＡ

承認や議会の監視なし

国家機密を最高裁が支持

軍の最高司令官は誰か?

大統領はどの条項に基づいて、軍事情報機関に3つの機関の調査を掌握させることができるのか? どのような条件を提示しなければならないか? なぜこれが非常に重要なのか? 誰が大統領を囲んでいるのか? 彼らはこの非常に重要な力を失った――政府の1つの領域は、腐敗しておらず、大統領に直接仕えている。

軍事情報機関は、ＦＢＩ、ＣＩＡ、ＮＳＡと異なり、議会の承認も監視もなしに職務を遂行できます。また、1953年の合衆国対レイノルズの裁判で、最高裁が「軍は国家の安全保障を左右する国家機密に関わる情報や書類を開示する義務はない」という判決を下しました。軍事情報機関、及び軍の最高司令官である大統領（＝トランプ大統領）は、誰も知らない秘密を山ほど握っています。

1807年の反乱法、1878年に制定された Posse Comitatus Act 民警団法は、反乱・謀反阻止のために、軍事情報機関が捜査権を掌握して、米軍をアメリカ国内で動員できる、と定めています。外国による選挙干渉のもとで起きた政府への攻撃も反乱です。トランプ大統領はサイバー・スペースの情報（ネット上の情報、メールや携帯電話でのコミュニケーション）を掌握している宇宙軍が保管している選挙干渉の証拠を提示できる機会を首を長くして待っているのです。

政府の中で唯一カバールに汚染されていない軍部がトランプ大統領にダイレクトに仕えているので、彼ら（カバール、ディープステイト）は情報収集管理能力を失った、ということですね。

このポストを見て、トランプ支持者たちは、「トランプ大統領は今でもアメリカ軍の最高司令官で、軍事情報機関が保管しているカバールの悪事の証拠や、宇宙軍が集めた不正選挙の証拠などを公式の場で提示できる機会を待っているのだ！」と、確信しました（詳細は『カバール解体大作戦』参照）。

◆ドクター・ジャン・ハルパー・ヘイズの真実爆弾

そして、去年の8月、トランプ政権時代の国防省に〝世論動向分析係〟として雇われた心理学者、ドクター・ジャン・ハルパー・ヘイズが、英国の衛星放送のテレビ番組のインタビューで、あっと驚く真実爆弾を投下しました。ジャック・スミス特別検察官が〝2020年の選挙結果を覆すために支持者を扇動して議事堂を襲撃させた"容疑で、トランプ大統領を起訴し、大陪審でトランプ大統領が有罪になった直後に行われたインタビューで、ドクター・ジャンは、まずこう断言しました。

「2020年の選挙が、この件によって再び争点になる、ということですよね？　裁判になったことで、彼（トランプ大統領）は適正手続をとって、証人を召喚できるようになったのです。2020年の選挙に関して一言言わせていただきますが、バイデンは現在破産した米国法人のプレジデント（社長）になっただけですよ。1871年の条約でアメリカは会社組織になったのです。さて、2018年9月12日、トランプは大統領令を作成しました。その中で彼は、今後の選挙において、あらゆる種類の外国または国内からの干渉への対策を説明しています。2020年の選挙を念頭に置いての対策です。彼は、干渉が起きることをなぜ知っていたのか、と思いませんか？　この裁判で、トランプ大統領は（2020年の選挙の不正に関して）自分の主張を提示することができるようになったのです」

司会者に、「ジャック・スミスに起訴されて、よかった、ということですか？」と尋ねられ、ドクター・ジャンは、こう答えました。

「その通りです。ジャック・スミスがやったことは大きな間違いです！　エドワード・スノーデンがどれほどの情報を持っていたか考えてみてください。私たちの軍隊、国防総省、宇宙軍イギリス在住のトランプ支持派ドクター・ジャン・ハルパー・ヘイズとトランプ大統領が一緒に写った写真は、またたくまにSNSで拡散された

と比較してごらんなさい。彼らが選挙の実際の、本当の結果を持っていないと思うのなら、それは、愚かなことです」

この後、司会者が、「トランプは、〝不正があった〟と嘘をつきながら、実は、選挙結果が正当だったと認める発言をしていて、その言葉を録音した記録がある、と、複数の人が言ってます」と、食い下がります。これに対し、ドクター・ジャンは、聞き分けのない駄々っ子をたしなめる口調で、こう答えました。

「そういう主張もありますが、それは事実ではありません。ドナルド・トランプは、そんな発言は一度たりともしていませんよ。彼の言い分は非常に明確です。例えば、ペンシルヴァニア州で問題が起きたとき、ペンシルヴァニア州の最高裁判所が介入し、選挙法の一部を変更しました。憲法で、選挙法を変更できるのは州議会だけ、と規定されているにもかかわらず、です。『2000匹のラバ』（2000ミュールズ）という映画が公開されましたでしょ。4000万ドルかけて携帯電話の動きを追跡したんですよ。ジョージア州では、1人が10回以上も投票箱を訪れています。その様子はすべてビデオに録画されています」

司会者が、さらに、「でも、不正があった、という証拠はありません。トランプの訴訟はすべて却下されています」と、愚かなことを口走ると、ドクター・ジャンは、冷静な口調で、こう対応しました。

「ちょっとお待ちなさい。メディアは〝却下された裁判は60件〟と言っていますが、裁判所が取り上げたのは3件だけで、そのうち勝訴が2件、敗訴が1件。57件は〝原告に当事者適格がない〟という理由で審議に至りませんでした。裁判を起こす人が何らかの影響や損害を受けていない場合は、当事者適格がないのです。あなたの話は、メディアのせいですよ。メディアは誤った推論を広めているのです。私は国防省の特別委員会に所属していますが、国防省は証拠を持っていますよ。トランプは、もし時期尚早の段階で証拠を提示したら、内戦になることを知っていました。彼は、（バイデン政権下で）アメリカがどれほどひどい状況になるかを、国民が知る必要があると考えたのです」

この後、女性アシスタントが、「言論の自由が争点でしょうが、民主的な投票結果を、選挙結果を非難するのは民主主義に反しているのでは？」と、果てしなく低能な愚言を発します。

ドクター・ジャンは、呆れながらも、落ち着いた表情で、こう言い返します。

「トランプが、ジョージア州で〝1万2000票見つけてくれる？〟と言ったことが問題視されていますが、あれは、選挙結果を覆そうとした発言ではありませんよ。彼は、ディープステイトが表に出てくるよう、おびき寄せただけです。内部告発者とハンター・バイデンの元親友の発言で、2015年にブリスマのトップがジョーとハンター・バイデンに1000万ドルの賄賂を渡したことが明らかになっています。2018年、ジョーはテレビで、〝検事をクビにしない限り、10億ドルの支援はさせない、と（ウクライナ大統領のポロシェンコを）脅した〟と公言しています。2019年、トランプはゼレンスキーに電話をして、検事をクビにするまでの経緯を聞き出そうとしたことで、弾劾されました。私たちは長い間、こんな社会で生きてきたのです」

司会者の、「トランプがいつも真実を言っている、とは言えないでしょう?」というコメントに、ドクター・ジャンは、顔色一つ変えずに、劇的な真実爆弾を投下しました。

「彼は商売人ですから、尾ひれをつけた話がうまいのは確かです。でも、私たちに伝えるべきことがあるときは、大衆にどう映るかも考慮に入れて、どんな行動をとるか、何をする必要があると考えているかなどを、単刀直入に語っています。彼が女王の前を歩いたとき、皆、彼が外交儀礼を破ったと思い込んで、彼をバカにしましたが、それは大間違いです！　ビデオを見直してみれば分かることですが、彼が女王を見て、女王が手を振って合図をした後に彼が進み、女王が2、3歩歩いたところで、彼は女王が追いつくまで待っています。これは、彼が米国という会社を倒産させるつもりであることを、ヴィジュアルに伝えるための行動でした。1871年以来、ヴァチカン、王室、そしてアメリカは会社組織の一部であり、私たちはあなた方（英国）に税金を支払ってきたのです。ボストン茶会事件とか〝代表者なき課税〟などのお話は忘れなさい。英国は南北戦争の資金を出したので、私たちはあなたがた（英国）に巨額のお

トランプ大統領に「先に行け」と右手で合図するエリザベス女王（2018年7月13日）

微笑むトランプ一族と仏頂面のローマ法王

金を借りていたのですが、今、トランプは女王にこう言ったのです。〝アメリカは、この会社を解散し、我々は共和政に戻り、みんな別々の道を行く〟と。ローマ法王は不満をあらわにしていました。トランプとローマ法王の写真をごらんなさい。ヴァチカン銀行から我々の金塊を持ち出すのに650機の飛行機が必要だったんですよ！」

〝トランプ大統領は不正の証拠を握っている〟、〝トランプ大統領が（カバールが盗んだ）金塊をヴァチカンから奪還した〟と語るドクター・ジャンの真実爆弾は、あっという間にSNSを席巻しました。イギリス在住の彼女は、英国では〝トランプ支持派コメンテイター〟として、よくテレビに出ていますが、アメリカではまったく無名の存在でした。そのため、このビデオを見たアメリカ人は、彼女の素性が分からず、「いったいどこまで信じていいものやら……」と、半信半疑でいました。

ところが、この直後、まず、ドン・ジュニアがツイッター（現在はX）でこのインタビューのビデオを拡散しました。これを受けて、トランプ大統領が、トゥルース・ソーシャルに彼女のインタビューのビデオを添えて、コメントしました。

「ドクター・ジャン・ハルパー・ヘイズは素晴らしい。彼女の不正選挙に関するインタビューと、彼女に論破された哀れな男をみんな見なければならない。この傑作を世に送り出してくれたドン・ジュニアに感謝する。魔女狩り！」

これに応えて、マイク・フリン中将も、「私たちが直面していること、そして起こりそうなことの明確な解説……　#MAGA　私たちの〝自由は守られなければならない〟」とコメントしました。

さらに、ドクター・ジャンとトランプ大統領が一緒に写っている写真もSNSで拡散され、彼女がトランプ大統領お墨付きの人物であることが分かり、アメリカのトランプ支持者たちは狂喜乱舞しました！

ちなみに、トランプ大統領は、2回の弾劾、複数の起訴などの、カバールの邪悪なトランプ攻撃を非難するときに、WITCH HUNT 魔女狩り、という一言を繰り返し使っています。これは、単なる言葉の綾、あるいはメタファーではなくて、マジで自分が魔女だと信じているヒラリーや悪魔崇拝のカバールの女たちに対する宣戦布告です。子供や赤ん坊をいけにえにして、アドレノクロームを飲んでいる魔女たちを、一人残らず捉えて、公開処刑する日が待ち遠しいですよね！

◆アメリカは内戦直前まで崩壊する

この後も、トランプ大統領は、演説やトゥルース・ソーシャルのコメントで、折に触れて驚愕の真実をさりげなく伝え、まだ目覚めていない人々を揺り起こし、すでに目覚めた人々の不安を解消しました。

最近の例を1つあげておきましょう。

2023年12月から2024年1月にかけて、アメリカでは「MAGA支持者と左派の内戦が起きるかもしれない」という噂が広まっていました。それは、オバマ夫妻がプロデュースしたNetflixの映画、『リーヴ・ザ・ワールド・ビハインド』（中国と思われる外国に侵略されたアメリカで、金持ちは豪華地下バンカーにこもり、地上では現状に無頓着でパニクった左派と食料を貯蓄して自衛能力がある保守派がいがみ合う、という筋書き）や、2024年4月公開予定のアクション大作、『シヴィル・ウォー』（保守派と左派が内戦を起こす、という筋書きと思われる）の予告編が話題になっていたからでした。

これは、カバールお得意のプレディクティヴ・プログラミング（予測プログラミング、映画やテレビ番組、ヒット曲の歌詞などで、近未来にカバールが実現させる悪事を民衆に教えて、皆が悪事を受け入れやすい心理状況を作り出すこと）でした。

トランプ大統領は、カバールが引き起こそうとしている内戦を防ぐために、彼らの予測プログラミングに対抗するサイオプの一環として、1月6日にアイオワ州のニュートンで行ったスピーチで、こうコメントしました。

「南北戦争はおそろしいものだったけど、興味をそそる戦争でもあった。僕だったら交渉で片付けたと思う。リンカーンがもし交渉で片付けていたら、名声を残すことはなかっただろうけどね」（南北戦争は英語では the Civil War で、小文字の civil war は「内乱、内戦。国内で同じ国民が戦う市民戦争」のことです）。

これを踏まえて、2017年11月1日に投稿されたQインテル・ドロップ22を見てみましょう。

州兵をコントロールするのは誰か？
なぜ最近、米国内の特定の都市で州兵が動員されたのか？
州兵は海兵隊と連携して活動できるのか？
承認には条件が必要なのか？
共和国を救うために軍隊を使った元大統領は？

政策に関する今まで最大の情報。研究し、準備せよ。このような状況で大衆はパニックに陥りやすい。戦争はない。内乱もない。クリーンで迅速。

州兵は、平時には州知事の管理下に置かれていますが、緊急事態には大統領が州兵を動かす権利を持ちます。

このインテル・ドロップが掲載された時点では、シャーロッツヴィルの混乱鎮圧（実際はMAGA派のふりをしたFBI工作員が煽動した偽旗工作だった）、テキサスとフロリダのハリケーン被災者救済、カリフォルニアの山火事被災者救援などに、州兵が動員されました。緊急事態に大統領が州兵を動員した場合、州兵は海兵隊と連動した作戦を展開できます。

アメリカという共和国を救うために軍隊を使ったのは、リンカーン大統領とアンドリュー・ジャクソン大統領です。

トランプ大統領が、アンドリュー・ジャクソン大統領の業績を踏襲しようとしていることも鑑《かんが》みると、トランプ大統領が、シープルを目覚めさせるために内戦の直前までアメリカを崩壊させ、満を持して登場し、交渉で解決策を見いだして、男を上げる、というシナリオが見えてきます。

◆やはり軍隊がすべてを仕切っている！

次に、トランプ大統領が、今もなお米軍最高司令官であることを明快に伝えるヴィジュアルなシグナルの最近の例を2つご紹介しましょう。

1つ目は、『アメリカ衰退の元凶バラク・オバマの正体』でもご紹介した、女性陸軍兵士の服装です。

2023年7月10日、大手メディアは、〝ニュークリア・フットボールを持つ女性陸軍兵士〟の写真を掲載し、重たいブリーフケースの携帯者として女性兵士を抜擢したバイデンと、女性兵士を称えました。

人間の認知能力を小馬鹿にした、激しいフェイクニューズです！

この女性の軍服の左腕についている記章（1つの星の下にUS ARMYと刺繍されている）は、2011年に廃止されたアセッションズ・コマンドという部隊の記章です。さらに、彼女は、左ポケットにつけるべきバッジをベルトのすぐ上につけ、女性兵士は左肩につけることになっている飾緒（飾りのロープ）を右肩につけているではありませんか！

これを見た私の友だちの退役軍人たちは、みな笑い転げて、「ホワイト・ハットが軍部をコントロールしている証拠だ！　トランプ大統領は、我々に、バイデン政権下の出来事はすべて芝居だ、と教えてくれている！」と、喜んでいました。

本物の軍人が、こんな間違いを犯すはずがありません。

この女性は、カバールが雇った役者で、軍人を演じている、という可能性もなきにしもあらずです。でも、カバールは、トランプ大統領が出現するまでは軍部の大部分も支配下に置いていたので、このような制服関連のミスを犯すはずがありません。敵を褒めるのは気が引けますが、カバールは用意周到で、ケアレスミスを犯すようなやからではありません。

ですから、この女性は本物の軍人、あるいはホワイト・ハットが雇った役者で、退役軍人に「バイデンは核のフットボールを持っていない」と暗示するシグナルを送るために、わざとちぐはぐな格好をしている、と考えるほうが筋が通っているでしょう。

２０２３年11月14日、中国の習近平総書記がカリフォルニアを訪れたときも、ホワイト・ハットは爆笑もののシグナルを送ってくれました。

サンフランシスコの空港で習総書記を出迎えるニューサム、関係者、軍人を映した生中継の映像を見てみましょう。

https://www.youtube.com/watch?v=GOMxjWxUEiQ

バイデンの"ニュークリア・フットボール"を持つ女性兵士の間違いだらけのドレスコード

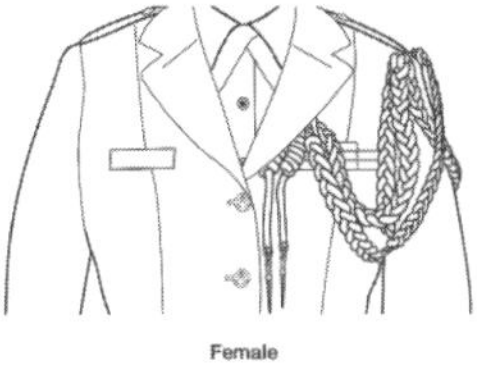

正しい飾緒の位置

2011年に廃止された「アセッションズ・コマンド」の記章

まず、最初の数分では、さまざまな制服を着た軍人たちが、リラックスして、歓談していま
す。画面の左のグループは、みな同じランクの兵士ですが、身体に緊張感はまったくなく、そ
こらのおじさんたちが井戸端会議をしている、としか思えません。

右のグループに至っては、ただの水兵とランクの高い海兵隊員が楽しそうに一緒に歓談し、
こちらも、みんな舞台の袖で出番を待つ端役《はやく》が、時間を持て余して雑談をしている、といった
雰囲気です。外国の首脳を出迎えるために空港に派遣されたのだとしたら、真の軍人は、どれ
ほど寒かろうが、暑かろうが、同じ部隊、同じランクに所属する者たちが整然と列を作って、
〝休め〟の姿勢をとりつつも、緊張感を失わないまま起立しているはずです。つまり、こいつ
らは、真の軍人ではありません。軍服のコスチュームを着たエキストラです。

7：52－8：07では、中国人の軍人が、キョロキョロ回りを見回して、「おれ、何すりゃい
いのかなぁ？」と言わんばかりの確信のない態度をとっています。まるで挙動不審のおっさん
です。

9：02－9：04。小太りの水兵が、あくびをしています。

23：02、先ほどご紹介した中国人の軍人が、左手をポケットに入れて歩いています。真の軍
人は、こんな歩き方はしません。

24：36－24：49。異なる軍服を着た3人の軍人が、あたかもブロードウェイの舞台で演技

をしているかのような歩き方で登場！　腕章を見てみると、左から順に、空軍、宇宙軍、沿岸警備隊であることが分かります。真の兵士は、同じ部隊に所属する者同士で行動します。この3人は、明らかに偽兵士です。

27：56－28：52。飛行機から降り立った習近平をニューサムたちが歓迎している映像で、カメラが徐々に引いていくと、先ほどの兵士たちが敬礼をしている姿が画面の右端に見えてきます。彼らは一体誰に敬礼をしているのでしょうか？　米軍兵士は、上官と大統領にしか敬礼しません。偽バイデンはこの場にいないし、たとえ上官が彼らの前にいたとしても、外国の首脳を出迎える席で、首脳に背を向けて上官に敬礼するなど、あり得ないシーンです！

30：10－30：29。異なるランク、異なる所属部隊の兵士3人が習近平に敬礼しています。米軍兵士は外国の首脳に敬礼することはありません。こいつらは兵士を演じているエキストラです。

30：37－30：49。空軍、宇宙軍、沿岸警備隊の3人が、いまだに敬礼をし続けています。いったい誰に敬礼してるのでしょうか。

30：53－31：30。車のそばに立っている男性の表情、立ち方、姿勢には、まったく緊張感がありません。

31：30－32：04。車の両脇にいた2人の中国人男性が、車とともに走り出し、途中で走る

一体誰に敬礼しているのか

27:56 – 28:52

米軍兵士は外国の首脳に敬礼することはない

30:10 – 30:29

いつまで誰に敬礼しているのか

30:37 – 30:49

まったく緊張感のないシークレット・サービス

30:53 – 31:30

オープン・カーでもないのに伴走するシークレット・サービス

31:30 – 32-04

習近平総書記をサンフランシスコ空港で迎えるニューサム知事、関係者、軍人たちの様子は爆笑もののあり得ない映像だった（2023年11月14日）

まるで井戸端会議

最初の数分

「おれ、何すりゃいいのかなぁ」

7:52 – 8:07

あくびをしている水兵

9:02 – 9:04

左手をポケットに入れて歩く中国人の軍人

23:02

空軍、宇宙軍、沿岸警備隊の腕章を付けた偽兵士

24:36 – 24:49

のをやめて、戻ってきます。これは、あまりにもおもしろすぎます！　第1に、オープン・カーではないので、シークレット・サービスの伴走など無用です。第2に、米軍兵士が何十人もいる場所で、警備が足りないはずはないので、やはり伴走は無用です。彼らの走り方も、そこらのチンピラが親分に頼まれてたばこを買いに行くような走り方で、シークレット・サービスの走り方ではありません。車のスピードが増して追いつけなくなり、走るのをやめた後の2人のボディ・ランゲージは、「あぁ、これで出番が終わったね。お疲れ様でしたぁ！　これから飲みに行こうか」と言っています。彼らは、シークレット・サービスを演じている大根役者です。

この映像を見た私の隣人の退役軍人たちは、皆、抱腹絶倒していました。笑いすぎて腹痛で苦しんだ人や、椅子から転げ落ちそうになった人もいます！

彼らは、皆、「(偽) バイデンは米軍を動員する力を持っていない」と、分かりやすいヴィジュアルなシグナルで教えてくれたトランプ大統領とホワイト・ハットのユーモアのセンスに感心していました。

11月20日には、バイデンが感謝祭の七面鳥2羽に恩赦を与えるシーンが大々的に報道されましたが、これも、ホワイト・ハットのシグナルです。今までずっと、アメリカ大統領は、感謝祭の前に2羽の七面鳥を提供され、そのうちの1羽のみに恩赦を与えています。これがアメリカの伝統です。

バイデンがこの伝統を破った理由は、いくつか考えられます。1つは、「バイデンは、やっぱりぼけ老人か？」という疑問の種を人々の心に植えつけるため。もう1つは、「え？　1匹にしか恩赦与えないんじゃなかったっけ？　これって、何かおかしいんじゃない？」、と、目覚めていない人々に、「何かヘンだ！」と感じさせるため。

どちらにせよ、これがホワイト・ハットの演出だったことは間違いありません。

この約2週間後、12月6日には、グリーン・ベレーを傘下に置く陸軍の第1特殊部隊コマンドが、YouTube のオフィシャル・チャンネルで、アーミー・ネイヴィー・ゲームの宣伝ビデオを公開しました（アーミー・ネイヴィー・ゲームは、ニューヨーク州ウェストポイントにあるアメリカ陸軍士官学校のアーミー・ブラックナイツと、メリーランド州アナポリスにあるアメリカ海軍士官学校のネイビー・ミッドシップメンが対戦する、アメリカン・フットボールの試合）。

第8心理作戦団が制作したこのビデオは、オープニングにQという文字が浮かび上がり、画面の左上に出てくる 114A3264BPS という数字とアルファベットをQのインテル・ドロップを集めたサイトの検索欄に貼り付けて検索すると、左記のインテル・ドロップ114が現れます。

合衆国軍＝人類の救世主。

我々は決して忘れない。
架空の世界。
神よ、我々を救いたまえ。
Q

合衆国軍が、カバールが構築した嘘で塗られた架空の世界から、人類を救い出してくれる、という意味です。

次のシーンでは、まったく同じ制服を着た2人の水兵が、策略ゲームを楽しみ、2人の間にはバフォメット（黒ミサを行う山羊の頭の悪魔）のかぶりものをかぶった人が座っています。そこに、ゴースト・イン・ザ・マシーン（秘密作戦工作員の象徴）のロゴがついている陸軍の戦車が壁を破って突っ込んできて、バフォメットが真っ先に逃げ出し、右側の水兵も逃げ出し、左側の水兵は降参し、最後に GO ARMY, BEAT NAVY！というナレーションと大きな文字が流れます。

テキサスの退役軍人たちは、このCMを見て、陸軍の秘密工作員がカバールを倒したことを告げるシグナルで、水兵同士がゲームをやっているのは、民主党も共和党も幹部は皆カバールの手下であることの象徴だ、と解釈しました。

ジョージア州の起訴を利用して、ホワイト・ハットが送ったシグナルも、忘れてはいけません。

2023年8月24日、〝選挙結果を覆そうとした罪〟で起訴されたトランプ大統領が、ジョージア州フルトン郡の拘置所で犯罪者として顔写真を撮られました。逮捕時に採られる顔写真の英語は mug shot/mugshot です。トランプ陣営は、このマグショットを公開し、24時間以内に418万ドル、2日以内に710万ドルの政治献金を何百万人もの少額献金者から集め、これはSNSのみならず、フェイクニューズでも大きな話題になりました。そのため、トランプ支持者たちは、これぞQのインテル・ドロップに何度も出てくる「世界中に響き渡るショット」のことだ！、と思いました。

トランプ大統領の身長と体重は、NYで逮捕されたときは6フィート2インチ、240ポンドでしたが、ジョージアでは6フィート3インチ、215ポンドと発表されました。6＋3＋2＋1＋5＝17。アルファベットの17番目はQです。また、トランプ大統領の囚人番号PO1135809は、国防省ネットワーク情報センターのIPアドレス 11.35.80.9 と同じです！

トランプ支持者たちは、「やはり軍隊がすべてを仕切っている！　起訴はカバールの悪事の証拠を裁判で提示するためのセットアップで、カバールとの闘いがエンドゲーム（終盤戦）に突入したのだ！」、と確信しました。

◆「故に神はトランプを創った」と「最高の時期はこれからやって来る！」

次に、トランプ大統領がトゥルース・ソーシャルに載せたシグナルの中から、特にこの数カ月の間に話題になったものを2つご紹介しましょう。

まず、2024年1月4日に掲載された〝GOD MADE TRUMP〟というタイトルのビデオを見てみましょう。これは、1951年から2005年までラジオで活躍したコメンテイター、ポール・ハーヴィーが朗読した詩、「故に神は農夫を創った」という詩を少し変えたものです。トランプ支持者たちが深く頷いた内容を見てみましょう。

1946年6月14日、神は計画していた楽園を見下ろし、世話人が必要だと言った。

故に神は私たちにトランプを与えた。

夜明け前に起き、この国を立て直し、一日中働き、マルクス主義者と戦い、夕食を食べ、それから大統領執務室に行き、真夜中過ぎまで各国首脳の会議に出席してくれる人物が必要だ、と、神は言った。

それ故、神はトランプを創った。

ディープステイトを激しく揺さぶり、自分の孫を優しく抱く腕を持つ誰か。なれ合いの政治に立ち向かい、厄介な世界経済フォーラムを手なずけ、お腹を空かせて帰宅し、ファーストレディが友人たちとランチを済ませるまで待ち、その後、ご婦人たちに、「また遊びにいらっしゃい」と、本気で言ってくれる誰かが必要だ、と、神は言った。

故に神は私たちにトランプを与えた。

斧を作ると共に剣を振るうことができ、北朝鮮に足を踏み入れる勇気があり、砂漠の黒い液体をカネに変え、液体をゴールドに変えることができ、関税とインフレの違いを理解し、火曜日の正午までに週40時間の労働を終え、さらに72時間働く誰かが必要だ、と、神は言った。

故に神はトランプを創った。

神は、毒蛇の巣窟《そうくつ》に入り込み、蛇のように嘘をつくフェイクニューズを罵倒し、毒蛇の毒は彼らの唇にあることを指摘し、その後も動じない誰かが必要だった。

故に神はトランプを創った。

狼が襲ってきても恐れたり怯《おび》えたりしない、強くて勇気のある人が必要だ。群れを世話する人、決して去らず見捨てない人類の羊飼い。神の道に従い、信仰を確固として守り、神と国の信念を知る、最も勤勉な働き手が必要だ。掘削を厭わず、製造業と雇用をアメリカに戻し、土地を耕し、国境を守り、軍備を整え、一日中体制側と戦い、一週間の激務を終え、日曜には教会に通う人間。そして長男が振り返り、「父さん、アメリカを再び偉大な国にしよう。父さん、また世界がうらやむような国を作ろう」と言う。

故に神はトランプを創った。

左派は、このビデオを小馬鹿にしましたが、ブルーカラーのトランプ支持者、カトリックや福音派のトランプ支持者は、深く頷き、トランプ大統領の偉大さを噛みしめました。

次の日、1月5日には、エアロスミスの〝ドリーム・オン〟をBGMに、The Best Is Yet To Come！「最高の時期はこれからやって来る！」というタイトルのビデオを発表しました（現在は、版権の問題で、消去されていますが、他のプラットフォームではまだご覧になれます）。

まず、イントロで、レーガン大統領の左記の名演説が流れます。

「簡単にできることではありませんが、シンプルな答えがあります。〝私たちが心の中で道徳的に正しいと思うことに基づいて国策を講じたい〟と、勇気を出して、選挙で選ばれた議員たちに伝えればいいのです。私たちの子供たちのために、地上における人間の最後の最良の希望であるこの国を守らなければ、1000年の暗闇への最後の一歩を踏み出すことになるのです」

歌詞と映像の関連も、非常に興味深いので、いくつか拾っておきましょう。以下、「　」が歌詞、それに続く記述が映像です。

「過去は過ぎ去った」：〝自己防衛できる国々の防衛費をアメリカが払うのはやめるべきだ〟というトランプ大統領の公開状。

「誰も知らない、ということを僕は知ってる」：〝ＪＦＫのファイルを公開する〟というトランプ大統領のツイート。

「どこから来てどこへ行くのか」：ＪＦＫ暗殺の映像。

「僕は知ってる　誰もが罪（宗教的な罪）を犯す」：若いジェラルド・フォードと若い父ブッシュが談笑する写真と、暗殺犯が銃を撃った場所とされているテキサス教科書倉庫ビルの前に父ブッシュがいる写真。

「勝ち方を知るためには負けなければならない」：２０２１年1月21日に、トランプ大統領夫妻がホワイトハウスを去って、エアフォース・ワンに乗り込む映像。

「僕の人生の半分は本のページに書かれている」：トランプ大統領が２０１５年に買いた〝クリプルド・アメリカ：ハウ・トゥ・メイク・アメリカ・グレイト・アゲイン〟を右手に持つトランプ大統領（同書は、オバマの政策を批判し、トランプ大統領の政策を提示した本）。ビジネスマン、トランプのベスト、〝トランプ：アート・オヴ・ザ・ディール〟の表紙。

「愚か者からも」：ジャック・スミスの顔写真。

「賢者からも学んだ」：孫子の兵法からの名言、〝敵を知り、己を知れば、百戦して殆《あや》うからず〟。

「分かってるだろう。それは本当なんだ」：トランプ大統領が北朝鮮に足を踏み入れて金総書記と握手する映像。

「明日は神が君を連れ去るかもしれない」：ジェフリー・エプスタインに関する質問を一笑に付すビル・クリントンの映像。エプスタインとクリントンが談笑する写真。

「ドリーム・オン、かなわぬ夢を見てろ」：ニッキー・ヘイリー。クリス・クリスティ、マイク・ペンスの顔写真。

「夢が叶うまで夢を見ろ」：ドナルド・トランプ、45代大統領に当選、というCBSの2016年大統領選のクリップ。

「ドリーム・オン、かなわぬ夢を見てろ」：ロン・デサンティス、ケヴィン・マッカーシー、ポール・ライアンの顔写真
「夢が叶うまで夢を見ろ」：2016年の大統領選でトランプ大統領が勝利するシーン。

「ドリーム・オン、かなわぬ夢を見てろ」：クラウス・シュワブ、ジョー・バイデン、オバマ、オバマ夫人、ヒラリー、ビル・ゲイツ、ジョージ・ソロスと長男の写真。

最後は、トランプ大統領の左記の名言が流れます。

「アメリカ国民が深く献身的な祖国愛を心に抱いている限り、この国はどんなことでも達成できます。The best is yet to come！黄金時代がこれから訪れます（おもしろくなるのはこれからです）！」

このビデオを見たトランプ支持者たちは、「自分を知り、カバールのやり口も熟知しているトランプ大統領は、大統領選の不正の証拠をつかんでいたら、わざと負けたふりをして大統領の座を退き、カバールにやりたい放題やらせて国民を目覚めさせ、大統領に返り咲いた後にＪＦＫを暗殺したのは父ブッシュだと暴露する」と察知しました。

◆インガーソル・ロックウッド社のサイトは仕掛けがいっぱい

インガーソル・ロックウッド社に関する話題にも、触れないわけにはいきません！

トランプ政権発足後、19世紀末にインガーソル・ロックウッドという作家が、マンハッタンの五番街にあるキャッスル・トランプというビルに住む少年、バロン・トランプが主人公の『バロン・トランプ少年の旅行と冒険』、『バロン・トランプ少年の素晴らしき地底探検』、そして『最後の大統領』という小説を書いていたことが大きな話題になりました。

その直後、インガーソル・ロックウッド社というサイバー・セキュリティの会社が立ち上げられました。

同社のホームページ　https://www.ingersolllockwood.com/ には、こう記されています。

私たちはＱアノンの陰謀を信じていませんし、決して信じたりいたしません。皆さんにそう伝えてください。チーム I.L.

一見、Ｑを否定しているように見えますが、〝Ｑアノン〟というフレーズはフェイクニューズが使う言い方で、Ｑ支持者はＱのインテル・ドロップやＱのフォロワーのムーヴメントのことを、単にＱと呼んでいます。ですから、この文章は、「私たちは、Ｑを陰謀論だと小馬鹿にして、Ｑを潰そうとしているフェイクニューズのＱに関する陰謀論は信じていません」という意味だと解釈すべきでしょう。

この文章は、二重否定のようなもので、「私たちはＱのインテルが本物だと信じています」と言っているのです。

同社の住所がワシントンＤＣのペンシルヴァニア・アヴェニュー１７１７であることも、同社がＱと関わりがあることの証拠です。

２０２１年までは、左記のオフィシャル・サイトの INSIGHTS のページには、さまざまなリンクが隠されていました。

19世紀末に作家インガーソル・ロックウッドが書いた「バロン・トランプ」シリーズ。トランプ政権発足後、インガーソル・ロックウッド社というサイバー・セキュリティ会社が設立され、そのサイトにはさまざまな仕掛けがされている

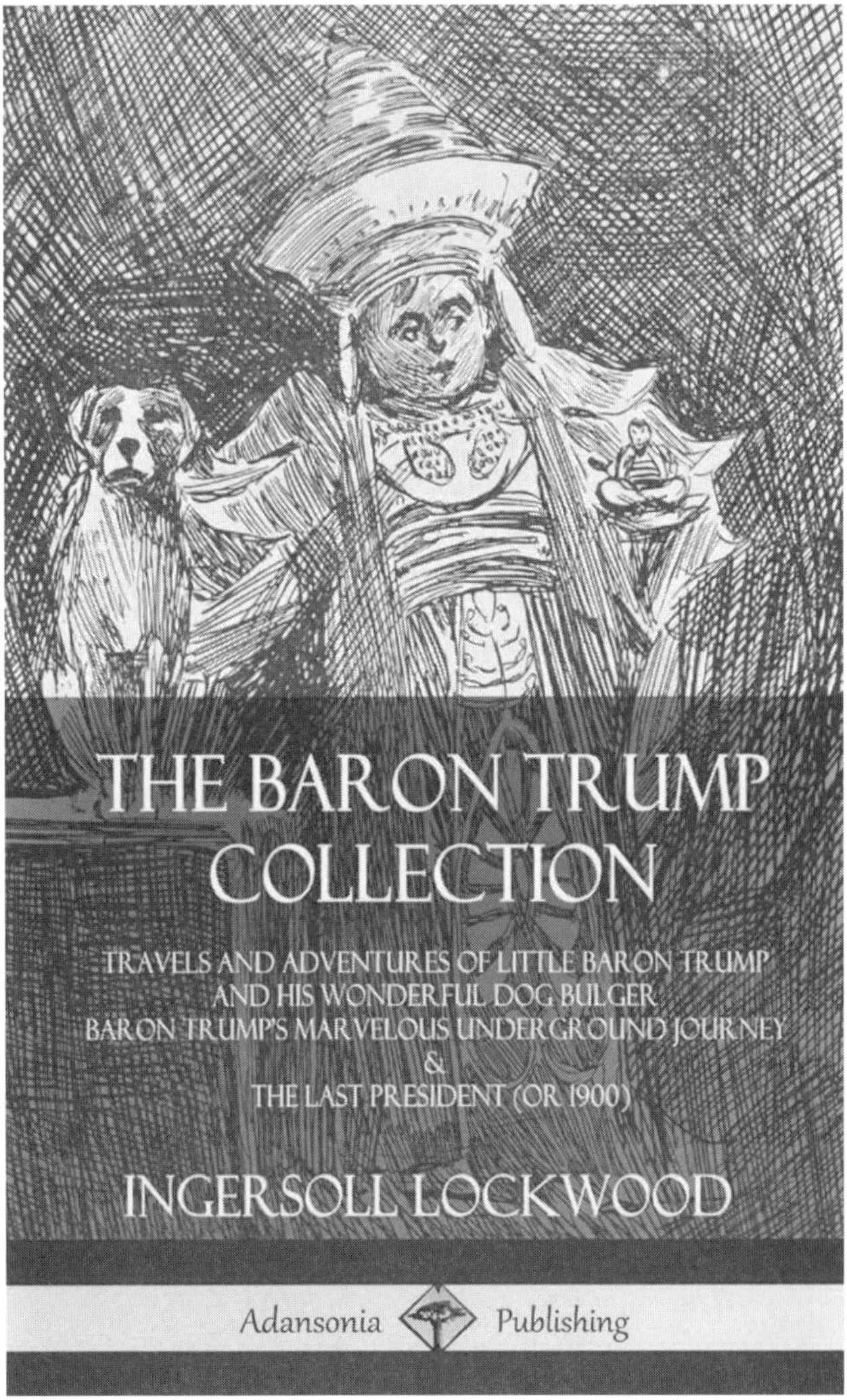

https://web.archive.org/web/20210718131625/https://www.ingersollockwood.com/insights-access/

隠されたリンクをいくつか見てみましょう。

1, Life - Defend & Extend
の、最後の赤字になっているdをクリックすると、カウントダウン２０２１、と名付けられた左記のページにリンクされ、

https://web.archive.org/web/20210721020031/https://www.ingersollockwood.com/countdown-2021/

このページには、合衆国憲法が採用された日は？　その何年も後、次の日に誰が生まれた？と記され、その下に、日時秒数のカウントダウンが表示されていました。

合衆国憲法が採用されのは１７８７年9月17日、アメリカ政府機関が使っているコンピュータのサイバー・セキュリティを管理する会社の社長だったジョン・マカフィーは１９４５年9月18日生まれです。マカフィーは「すべてのコンピュータにアクセスできる裏口をセットアップし、カバールの悪事の証拠をつかんだ」と言っていたので、トランプ支持者の多くがインガーソル・ロックウッド社はホワイト・ハットと関連があると信じました。

しかも、INSIGHTS のページをすべてコピーすると、1, Life - Defend & Extend の後に、

how far does the Rabbit Hole go? Try these 6uild 6ack 6etter COVID-19 cotton swabs stuck way up your nose? Now how did this happen to them?「ウサギの巣穴（超現実的なこと）はどれほど深い？ 試してごらん 6uild 6ack 6etter、COVID-19綿棒を鼻の奥深くに突っ込む？ どうしてこうなった？」というセンテンスが出てきます。

そして、まず 6uild 6ack 6etter（左派のスローガン、「もっといいものに築き直せ」build back better のbを6に変えて、666のシンボルを示したもの）をクリックすると、トニー・ブレア、グレタ・トゥーンベリ、クオモ当時NY州知事、ナンシー・ペロシ、ジャスティン・トゥルドー、クリントン夫妻、エリザベス・ウォーレン、ボリス・ジョンソン、バイデン、オバマ、カマラ・ハリス、ビル・ゲイツ、英王室のチャールズとハリー、クラウス・シュワブが、「パンデミックを利用してリセットしよう」と言い、リポーターが「グレイト・リセットは陰謀ではない」と主張する、左記の YouTube のビデオが出てきます。

https://web.archive.org/web/20210714071318/https://www.youtube.com/watch?v=YkcaeaD45MY

COVID-19をクリックすると、「CDCの効果のないコロナウイルス検査はコロナウイルスに汚染されていた、連邦政府が確認　連邦政府の調査で、CDCの研究者がプロトコルに従っていなかったことが判明」という左記の記事が出てきます。

https://web.archive.org/web/20210726203302/https://arstechnica.com/science/2020/04/cdcs-failed-coronavirus-tests-were-tainted-with-coronavirus-feds-confirm/

どうしてこうなった?、をクリックすると、「英国向けコロナウイルス検査がコロナウイルスに汚染される」という左記の記事が出てきます。

https://web.archive.org/web/20210710044120/https://www.foxnews.com/world/coronavirus-tests-uk-contaminated-covid-19

さらに、4. Air - Reverse Pollution, Speed Travel, Defend Against HAARP. の後には、Speaking of HAARP, click the little dot and let's go down one of many rabbit holes, shall we?「HAARPと言えば、小さなピリオドをクリックして、たくさんあるウサギの穴の1つに入ろうじゃないか」という文章が出てくるので、第4の見出しの最後のピリオドをクリックすると、「機密解除：テスラが夢見たフリーエネルギーを武器に変える —— 貪欲《どんよく》と利益のために、内向きに、アメリカに向けられる」左記のページにつながります。

https://web.archive.org/web/20210718170059/https://www.ingersolllockwood.com/turning-teslas-dream-of-free-energy-into-a-weapon-in-this-case-directed-inward-at-america-for-greed-and-profit/

気象兵器が実在することを伝えるこのページから、真実爆弾をいくつかご紹介しましょう。

●モンサントのせいで、２０３０年までに地球上のミツバチはすべていなくなり、有機農業と自然農業もなくなる。
●高周波活性オーロラ研究プログラム High-frequency Active Auroral Research Program（ＨＡＡＲＰ）は、アメリカ政府の最も強力な武器のひとつで、天候をコントロールするために使われる。
●中国の地下核施設を攻撃するために使用される。
美しく光る雲が現れ、中国の市民は水が「坂を上って」流れていることに気づいた。
https://www.youtube.com/watch?v=KKMTSDzU1Z4
●内部から焼かれた鳥が空から落ちてきたり、内部から焼かれて死んだ魚が川に浮かび上がった事件もＨＡＡＲＰのせいだった。
●ハリケーンを誘導し、ハリケーンを発生させ、ハリケーン、竜巻、暴風雨を消滅させることができる。
●ヒラリー・クリントンはモンサント社の重役で、ケニア人ムスリムのオバマはモンサント保護法を通過させた。
なぜＦＥＭＡと３つの州（三角関係）は、ニューマドリッド断層帯の農民と市民に７００万食のＭＲＥ（米軍戦闘糧食）を届ける計画を立てたのか？

農民とその土地はどうなったのか？　誰が買ったのか？　今はどんな作物があり、誰が所有しているのか？

アメリカ本土へのＨＡＡＲＰ攻撃を命じた空軍大将は誰なのか？　彼の銀行口座はどこにあるのか？

私がこの原稿を書いている２０２４年1月現在のインガーソル・ロックウッド社のオフィシャル・サイトは、まず「宇宙軍、人員募集」という一言が出てきます。
https://www.ingersolllockwood.com/
このページにもさまざまなリンクが隠されているので、いくつかご紹介しましょう。
ALL－CRIMINAL のＣという文字をクリックすると、ジョニー・キャッシュの〝リング・オヴ・ファイアー（炎の輪）〟の曲が出てきます。
https://www.youtube.com/watch?v=1WaV2x8GXj0
これは、犯罪者たちが炎の輪の中で焼かれる、ということでしょうか？
また、HACKING のＨをクリックすると、ＨＡＡＲＰを説明する左記のサイト
https://haarp.gi.alaska.edu/

につながります。

ACTIVITIES のTとVをクリックすると、選挙の不正を暴露する団体、トゥルー・ザ・ヴォウトがジョージア州の裁判で勝った話題を告げるサイトにつながります。

https://truethevote.org/news/true-the-vote-defeats-fair-fight-stacy-abrams-marc-elias-and-the-biden-department-of-justice-in-landmark-election-case-in-georgia-federal-court?q=il-1717-4-10-20-sent-me-tick-tock-1-17

TとVは、True the Vote のことでもあり、Trump Victory トランプ勝利の頭文字でもあると思われます。

Q anon のQと anon の間のスペースをクリックすると、トランプ大統領の業績リストのサイトにつながります。

https://web.archive.org/web/20221112203512/https://www.magapill.com/

Team I.I. のTをクリックすると、トランプ大統領のワイナリーのビデオが出てきます。

https://www.youtube.com/watch?v=iXkq1v3tzTE

2024/5784. の最後のピリオドをクリックすると、ヒットラーはアルゼンチンで生き延びて、ナチスは空飛ぶ円盤を制作して、南極の基地に隠していたことを匂わせる記事が出てきます。

https://web.archive.org/web/20210811211938/https://www.ingersolllockwood.com/declasspaceforce-future-proves-past/

トランプ大統領がカバールの悪事を暴き真の歴史科学を開示してくれる!、と匂わせるインガーソル・ロックウッド社のサイトは、すぐにでも武器を取って左翼を倒したがっている血気盛んな保守派のはやる心を鎮め、アメリカが内戦に至ることを阻止しました。

最後に、トランプ大統領の天才的コミュニケーション能力の象徴となった2つの例をおさらいしておきましょう。

トランプ大統領は、トゥルース・ソーシャルで2020年の選挙不正を批判する際に、10回以上stolen「盗まれた」をSTOLLENと間違ったスペルで表記しています。

大手メディアは、トランプ大統領がミススペルでSTOLLENと書くたびに、「〝選挙が盗まれた〟と主張するトランプが、〝盗まれた〟のスペルを間違ってSTOLLENと書いた!」と、嬉々として報道しました。

Qが「ミススペルには意味がある」と伝えているとおり、これは意図的なミススペルで、「2020年の選挙が盗まれた」という一言を国民の心に植えつけるためのサイオプでした。

さらに、2024年1月19日、トランプ大統領はニュー・ハンプシャー州での演説で、「(議事堂襲撃防止のための)セキュリティは、ニッキー・ヘイリーが仕切っていて、ニッキー・へイリーは、1万人の州兵や兵士を派遣する、という我々のオファーを断った。みんな、この話題に触れたがらない」とコメントしました。

この後、フェイクニューズは、またまた鬼の首でも取ったかのように、「議事堂のセキュリティ担当者は、ヘイリーではなく、ナンシー・ペロシだった！」と、声高らかに指摘しました。

トランプ大統領は、わざとペロシとヘイリーを混同したふりをして、カバールがひた隠しにしている真実（＝議事堂のセキュリティを意図的に無視して、議事堂侵入を可能にしたのはペロシだった！）を、大手メディアに伝えさせたのです！

タヴィストック研究所やＣＩＡに勝るとも劣らないお見事なサイオプです！

こうして、トランプ大統領がさまざまなシグナルを送り続けたことで、目覚めた人々の数が徐々に増え、ついにはノーミー（目覚めていない凡人）を上回り、アメリカは分裂せずに済んだのです。

第14章　RFK Jr

◆民主党支持者が続々と目覚める

２０１６年以降、大手メディアがアンチ・トランプのフェイクニューズを流し続け、セレブたちも口を開けば「トランプはヒットラーよりひどい！」、「トランプは人種差別主義者だ！」と、トランプ大統領の悪口を言い続けています。

カバールのサイオプ（心理作戦）が功を奏し、左派の人々は完全に洗脳されきってしまい、トランプ大統領がいくら真実を伝えようが、左派の耳には届きませんでした。

そこに頼もしい助っ人として登場したのがロバート・ケネディ・ジュニア（以下、ＲＦＫ Jr）でした。ケネディ大統領の甥のＲＦＫ Jrは、コロナウイルスに関する真実（ヒドロキシクロロキンやイベルメクチンがコロナに効く、など）や、ワクチンの危険性を警告した他、「エイズはファウチが作った」、「製薬会社は金儲けのみを目的としている」など、普通の政治家が口にしない真実を訴え続けました。

ヒドロキシクロロキンやイベルメクチンに関しては、トランプ大統領が２０２０年から「コロナを治療できる」と、国民に知らせていましたが、同じことでもＲＦＫJrの口から出てくると、左派は急に聞く耳を持つようになりました。

ＲＦＫJrは、大統領選出馬後は、黒人のポッドキャストなどでも積極的にインタビューを行い、Ｑ支持者たちが伝えようとしてきた真実を、次々に暴露して、左派の人々の約半数である伝統的な民主党支持者（ウォウク主義に染まっていない40歳以上の民主党支持者）を大覚醒へと導きました。

以下、ＲＦＫJrがさまざまなインタビューで吐露した真実の中から、特にＱ支持者に歓迎されたものをいくつかご紹介しましょう。

まず、黒人のラッパーが司会を務めるポッドキャストで、「貧しい人を援助する代わりに、ウクライナにこれだけの金を送る、と決めたのはいったい誰なのか？」と、質問され、ＲＦＫJrはこう答えました。

「軍産複合体ですよ。ミッチ・マコーネルは、〝なぜウクライナに１１３０億ドルも送るんですか？〟と聞かれて、〝心配するな。あの金は軍事請負企業に渡るから、みんなアメリカの会社に還元されるんだよ〟と答えました。ミッチ・マコーネルもジョー・バイデンも、ヴィクトリア・ニューランド、アンソニー・ブリンケンも、みんな軍産複合体の人間です。アメリカは世界中に800の軍事基地を持っています。CIAの役割は、軍産複合体に絶え間なく戦争を供給することです」

民主党がウクライナを支援していることに関しては、こう言っています。

「昔は民主党は反戦の党でしたが、今では民主党も共和党も戦争を推奨しています。戦争産業からカネをもらった政治家がトップにつく（戦争をする政策を遂行できる）、という仕組みなんです」

オンライン誌、タブレットのインタビューでは、父親（ロバート・ケネディ）の暗殺に関して、こう語っています。

Q：お父さんを殺した発砲者は誰だと思いますか？

A：発砲したのは（セイン・）ユージン・シーザーだと思う。シーザーは警備員で、2日前の晩にこの仕事に就いたばかりでした。彼は父の肘《ひじ》をつかんでいました。彼は父を憎んでいて……

Q：なぜですか？

A：彼はとても人種差別主義者で、父がアメリカを黒人に明け渡そうとしている、と思っていたんです。彼はCIAの工作員でもありました。ロッキードで最高機密にアクセスできる人物で、彼は警備の仕事に就いたばかりでした。彼が父を待ち伏せの場所に誘導したんですよ。父の肘をつかんで。父はアンバサダー・ホテルの厨房に入ってはいけないことになっていました。

Q：フレッド・ダットンがお父さんを厨房に連れてきた、と、言われてますよね？

A：でもシーザーが玄関で父を迎えて、サーハンが待ち伏せしている場所に誘導して、銃を取り出したんです。彼が銃を取り出すのを見た人が12人います。父は後ろから撃たれていることを、明らかに知っていました。だからこそ振り返って、シーザーのクリップ式のネクタイをつかみ取ったんです。父は倒れた時、そのネクタイをつかんでいました。父はシーザーの上に倒れ、シーザーは父を突き飛ばし、銃を持ったまま立ち上がりました。

後で〝なぜ銃を構えていたのですか？〟と聞かれたとき、彼は〝サーハンを撃ったからだ〟と答えましたが、それは違います。

CIAが戦争供給屋で、軍需産業のロッキードと関わりがあるCIAの工作員がロバート・ケネディを暗殺した、と断言したRFK Jrのインタビューは、X（ツイッター）やトゥルース・ソーシャル、その他のSNSのプラットフォームでも大きな話題になり、伝統的な民主党支持者たちが続々と目覚めていきました。

こうして、カバールのサイオプに洗脳されてトランプ大統領に拒絶反応を示していた人たちにも、真実が見えるようになったのです。

ＲＦＫJrの出馬直後は、トランプ支持者たちが「大統領候補がトランプ、副大統領候補がＲＦＫJrという組み合わせだったら、絶対勝てる！」と、希望的観測を抱いていました。そのため、当時は、「トランプ、バイデン、ＲＦＫJrという三つ巴《どもえ》の戦いになった場合、ＲＦＫJrはトランプ支持者の票を奪い、トランプにとって不利になるだろう」と言われていました。

しかし、２０２３年10月中旬に、ＲＦＫJrが奴隷制度の賠償金を黒人に支払う政策を支持する、と発表した後は、トランプ支持からＲＦＫJrに鞍替えする人はいなくなりました。

第15章　勝利の兆し

◆ロスチャイルド家の資金難が明らかに

２０２３年以降、トランプ大統領がカバールの大部分を駆逐した証拠が、次々と表に現れ始めました。

この章では、ノーミー（目覚めていない凡人）の目にも「これは、ちょっとおかしいのでは？」と映った出来事をいくつかご紹介しましょう。

まず、２０２３年の秋、世界最大のオークションハウス、クリスティーズでロスチャイルド一族の秘蔵品の数々が６２６５万６５１６ドルでオークションされました。

この話題が大手メディアでもニュースになったとき、デイヴィッド・ニーノ・ロドリゲスやスコッチが、「クリスティーズで行われたオークションは、あくまでも公にされたオークションであり、実は、ロスチャイルド一族はかなり前から密かにプライヴェート・オークションを行っていた」と伝えました。

何世紀にも渡ってロスチャイルド一族が大切に保存してきた家宝を競売にかけるなんて、普通ならあり得ないことです。ロスチャイルド一族は、すでに2018年に143年に渡って所有していたオーストリアのハンティング場を手放しています。マンハッタンの面積に匹敵する7000エーカーのこの敷地には、ホテルかと思えるほどの豪華なロッジの他、スキー場や池もあり、ヨーロッパの王族を招いたパーティが頻繁に行われていました。

豪邸と敷地を売り払った5年後、秘蔵の家宝までオークションにかけるとは！ これは、ロスチャイルド一族がカネの工面に困っている、つまり、カバールがパワーを失ったことの証拠です。

2024年1月14日、デンマークのマルグレーテ女王が83歳で退位して、長男に王座を譲位しました。死ぬまで王座にとどまるのがヨーロッパの王族の伝統なので、これも常軌を逸した行動です。

ヨーロッパの王族は、皆、ジョージ2世の子孫で、マルグレーテの母親はスウェーデン女王だったので、彼女は明らかに生まれながらのカバールの重鎮です。その彼女が伝統に逆らって退位したことも、やはりカバールの権威失墜の象徴です。

◆エリートたちのペドフィリアが徐々に常識になりつつある

また、社会の上層部にチャイルド・ポルノや人身売買、ハニーポットによるブラックメイルが蔓延していることも、誰の目にも明らかになってきました。以下、2023年後半以降に話題になったニュースを、いくつかご紹介しましょう。

2023年7月21日、ABCの記者、ジェイムズ・ゴードンが、チャイルド・ポルノ所持で有罪になり、セクハラで辞職に追い込まれたマット・ラウアー（NBCの朝の顔だった）や、ズームコールでCNNにライヴ出演中にマスターベーションをしていたジェフリー・トゥービンなど、テレビ局にも変態が多いと分かりました。

2023年11月17日、2016年以降、民主党の顔となっていた黒人女性政治家、ステイシー・エイブラムズの義弟が人身売買容疑で逮捕されました。

2023年11月20日、パトリック・ウォジャン元メリーランド市長が、チャイルド・ポルノ所持で30年の禁固刑になりました。同性愛者のウォジャンは、ブタジェッジ運輸長官と仲良しでした。

2023年11月21日、ジョン・ポデスタ（クリントン夫妻の側近）の友人で、〝ピザゲイト〟がデマだ、と主張し続けたジャーナリスト、スレイド・ソーマーがチャイルド・ポルノ所持で逮捕され、ピザゲイトの信憑性が高まりました。

2023年11月22日、テネシー州の人身売買おとり捜査で10人の男性が逮捕され、人身売買が、かなり普通に行われていることが分かりました。

2023年11月23日、チャイルド・ポルノ所持で逮捕されたテキサスA&M大学職員が、〝ピザ〟を「少女」を意味するスラングとして使っていたことで、ピザゲイトが本物だったと思う人が増えました。

2023年11月27日、トランスジェンダーの男性が、子供レイプ容疑で逮捕されました。

2023年11月28日、国防省の上級職員が、人身売買容疑で逮捕されました。

2023年12月15日、カーディン民主党上院議員のアシスタントの青年が、議事堂の会議室で年上の男性とアナル・セックスをしているビデオがリークされ、批判された後、この青年は「ゲイ差別だ」と、逆ギレしました。

2023年12月19日、ペンシルヴァニアのシャピロ民主党州知事と親しいLGBTQの活動家として有名な黒人女性、ケンドール・スティーヴンスが、2人の子供をレイプした容疑で逮捕されました。

２０２３年12月21日、テネシー州選出のティム・バーシェット共和党下院議員が、「保守派議員が極左の法案に賛成票を投じるのは、ハニーポットの犠牲になって、脅迫されているからです」と、真実爆弾を投下しました。

２０２４年1月、ワシントンＤＣやボストンのマンションやホテルで、政治家や要人を恐喝する素材収集のための売春行為が横行していることが発覚しました。大手メディアは、ロシアか中国の仕業、と伝えましたが、スコット・マッケイやデイヴィッド・ニーノ・ロドリゲスが、ＣＩＡやモサドのハニーポット工作だ、と教えてくれました。

さらに、スコット・マッケイやデイヴィッド・ニーノ・ロドリゲスのポッドキャストで、〝ジェフリー・エプスタインはモサドやＣＩＡの手下で、要人を邸宅や離れ小島に招き、隠しカメラで少女とのセックス・シーンを撮影して、恐喝していた〟ことや、ヘリコプターや潜水艦を操縦できるギレーヌ・マクスウェルが彼のハンドラーであることも、多くの人々に伝わりました。

ニッキー・ヘイリーや、トランプ大統領にレイプされたと大嘘をついているおばあさん、フユージョンＧＰＳ（ロシア疑惑をでっち上げた会社）に資金援助をしている民主党派のビリオネアー、リード・ホフマン、クリントン夫妻、アンドリュー王子、ルイス・フリー元ＦＢＩ長官、スティーヴン・ホーキング、ビル・ゲイツ、ラリー・サマーズ元ハーヴァード大学学長やMITの教授などもエプスタインと親しかったことを、やっと大手メディアが伝え始めました。

もちろん大手メディアは、必ず、「トランプもエプスタインと友達だった！」という一言を混ぜ、トランプ大統領とエプスタインが一緒に映っている写真を載せていました。しかし、この時点ではアメリカ人のマジョリティが大手メディアがフェイクニューズだと分かっていて、「トランプはエプスタインを批判していた」という事実を伝える保守派サイトから情報を収集していたので、トランプ大統領の支持率が落ちることはありませんでした。

それどころか、MAGA支持者たちが、ドナルド・トランプの2012年の「変質者につかまった行方不明の子供たちを何とかしなければ。事件が多すぎる――迅速な裁判、死刑」というツイートを拡散しました。このコメントを見て、トランプ支持者のみらず、つい最近目覚めた人々も、「トランプは大昔から真実を知っていて、カバールを倒す好機が訪れるのを虎視《こし》眈々《たんたん》と待ち、2015年に遂に米軍のホワイト・ハットにリクルートされ、大統領になり、2期目には悪党どもを軒並み死刑にするだろう！」と確信しました。

そして、2024年1月8日には、ニューヨークのハバド・ルバヴィッチ（ユダヤ教正統派の一派）の本部の地下に、幼児用の椅子、血痕やシミがついたマットレス、おもちゃなどが置かれたトンネルがあることが分かりました。

大手メディアは、「パンデミック中にユダヤ教正統派の信者たちがコロナウイルスを恐れずに行き来できるようにするために掘ったトンネルだ」と伝えました。

しかし、ジェフリー・エプスタインの豪邸の近くにあることや、古代イスラエルではモロク（古代中東人が崇拝していた神、現代英語では悪魔の別称）に赤ん坊や子供を生け贄《いにえ》として捧げていたことなどから、すでに目覚めた人々が、「地下トンネルで生け贄の儀式が行われていたに違いない！」と信じました。ニューヨーク警察がトンネルにコンクリートを流し込もうとした後は、ごく普通の人々も、「徹底捜査をすべきなのに、証拠を隠滅するのか？」と疑問を抱き、これが新たなる目覚めへとつながっていきました。

◆議事堂事件もカバールの偽旗工作だったと周知された

一方、議事堂〝襲撃〟に関しても、共和党が多数を占める下院が議事堂周辺、及び議事堂の中の監視ビデオを公開し、トランプ支持者がさまざまなビデオを紹介したおかげで、左記の事実が明らかになりました。

●トランプ支持者は平和的に集まっていただけで、侵入を煽ったのは通信装置を耳につけた偽旗工作員たちだった。

●トランプ支持者たちは、群衆を扇動する偽旗工作員たちを制止しようとしていた。
●警官が単に集まっているだけの群衆にゴム弾を撃ち込んでいた。
●議事堂内にいた警官がドアを開けて群衆を迎え入れ、入ってきた人々を冷静に案内していた。
●トランプ支持者の女性を殴り殺したのは警官だった。
●議事堂に入ったトランプ支持者たちは、見学客のように、単に静かに内部を歩いていただけだった。
●トランプ支持者に殴り殺された、とされている警官は、元気に歩き回っていた。
●パイプ爆弾を配置した人物は、背格好からラスキン民主党下院議員の妻である可能性が出てきた。
●罰を受けなかった偽旗工作員、レイ・エプスは、最初から最後まで群衆を煽って、議事堂襲撃を呼びかけていた。

さて、大手メディアや民主党議員、バイデン、ハリスは、いまだにことあるたびに、「トランプが選挙結果を覆そうとして、支持者を煽動し、議事堂を襲撃させたので、トランプはinsurrection 反乱を煽った罪で裁かれるべきだ」と言っています。

しかし、議事堂事件はトランプ政権下で起きたことです。つまり、カバールの手下どもの話を鵜呑みにすると、トランプ大統領が自分自身の政権に反乱を起こした、ということになり、まったく筋が通りません。

こうして、日を追うごとにカバールの悪事や矛盾が徐々に露呈され、アメリカ人のマジョリティが、「人身売買やハニーポットは陰謀論どころか、社会の上層部に蔓延していて、要人はブラックメイルされている」、「議事堂事件はカバールの偽旗工作だった」と、察知しました。

あとがき

私がこの本を書き終えた1月以降のアメリカでは、ホワイト・ハット側の大覚醒作戦も、カバールのアメリカ破壊計画も猛スピードで展開し、「これはおかしすぎる！」と気づく人の数が日ごとに急増しています。

何よりもヴィジュアルに分かりやすく人々を目覚めさせてくれたのは、不法入国者激増による弊害でした。

まず、2月10日、ニューヨークでは何千人もの不法入国者が社会福祉金をもらっていることが判明し、民主党支持者の黒人やヒスパニックの住民が激怒しました。ニューヨーク州の不法入国者対策予算は43億ドルで、この時点でニューヨークにいる不法入国者数は17万3000人です。民主党が政権を握っている限りは、今後も彼らの数は増え続けるでしょうから、まっとうなニューヨーカーたちの血税が、不法入国者対策の泥沼に吸い込まれていくのです。いくらリベラルなニューヨーカーも、「不法移民を養うために自分が働いて税金を納めるのは、ちょっとねぇ……」と、渋い顔をしたのは当然の成り行きで、とりわけニューヨークに多い合法移民たちがトランプ大統領支持を声高に叫ぶようになりました。

さらに、ニューヨーク州は、公務員として不法入国者を雇う政策を実行に移し、「英語ができない人も、高校を卒業していない人も歓迎する」と発表したため、大きな政府が大好きなリベラル派も、「不法入国者に、そこまでこびなくてもいいのでは？」と、首をかしげました。

同じくリベラルな州であるコロラド州のデンヴァーでも、不法入国者の世話をする費用を捻出するために、市役所などの役人を事実上解雇したため、解雇された人々や彼らの家族が激怒しています。公務員のほとんどは民主党支持者なので、この愚策は民主党派の人々を揺り起こして、左派のオープン・ボーダー政策がいかにおぞましいものかをしっかり教えてくれました。

そして、2月22日、ジョージア大学のキャンパスでジョギングをしていた女子大生、レイクン・ライリーが、ベネズエラ人の不法入国者に頭部を激しく殴打されて殺される事件が起きました。

それ以前も、不法入国者による殺人事件はいくつも起きていたのですが、どれも大手メディアで扱われることはありませんでした。しかし、レイクン・ライリーが22歳の若さで安全であるはずの大学のキャンパスで殺されたこと、しかも、彼女が老人介護の勉強をしていた心優しくかわいらしい顔の女の子だったこと、ミドル・ネームがHope（希望）だったこと、容疑者が前科者だったこと、容疑者の兄もグリーンカード偽造で逮捕されていたことなど、複数の条件がそろったため、フォックス・ニュースとニュースマックス、及び保守派情報サイトで、この殺人事件が大々的に報道されました。トランプ大統領もレイクン・ライリーの死を悼み、SNSでもこの殺人事件に関する情報が拡散され、レイクン・ライリー殺害事件は、不法入国者問題の象徴となったのですが、民主党側はレイクン・ライリーの死を無視し続けました。保守派がSay Her Name!「彼女の名前を言え！」というキャンペーンを展開しましたが、左派から一切無視され、バイデンは単にホワイトハウスの公式サイトで、お悔やみの一言を載せただけでした。

大手メディアと民主党議員、バイデンがレイクン・ライリーの死をあまりにも露骨に無視した反動で、SNSで彼女の死を無視する左派と大手メディアの理不尽さが、かえって大きな話題になりました。特に、彼女のお葬式が行われた日には、ジョージ・フロイドの大々的な葬儀と比較するコメントがSNSを席巻し、そのおかげでフロイドの死が暴動を誘発するための偽旗工作だったと気づく人が続出しました。

そして2月29日、トランプ大統領とバイデンがテキサス国境の別の街を訪れ、不法移民対策に関する演説を行いましたが、バイデンがこの殺人事件に一切触れなかったことで、ごく普通の心を持つ人々が、親として、人としてのバイデンの無神経さに怒りを感じました。一方、トランプ大統領は、国境警備を手伝っているテキサスの州兵たちの前で行った演説の中で、こう発言しました。

「バイデンがやっていることは、まったく信じられません。ジョー・バイデンはレイクン・ライリーの名前を決して口にしないでしょうが、私たちは彼女を忘れることはありません。この数日間、私たちはひたすら恐ろしいニュースを聞いてきました。昨日、私は彼女のご両親と話しました。すばらしい人たちですが、信じられないほど打ちのめされています。彼女はいろいろな意味でとても美しかったのに、残忍な暴行を受け、恐ろしいほど殴られ、誘拐され、残虐な方法で殺害されました。犯人の非道な男は不法入国した移民で、ペテン師ジョー・バイデンによって私たちの国に導かれ、私たちのコミュニティーに放たれたのです」

誰にも知らないところで、しっかりと遺族に電話をしていたトランプ大統領、まさに一国のリーダーとしてふさわしい器です！

この7日後に行われた一般教書演説でも、バイデンはレイクン・ライリーの話題に触れるつもりはありませんでしたが、マージョリー・テイラー・グリーンが南度も Say Her Name！と叫んだため、バイデンは無視しきれずに、こう答えました。

「リンカーン、リンカーン・ライリー、罪の無い若い女性が不法入国者に殺された、それは事実ですが、何千人もの人々が合法在住者に殺されているんですよ」

合法在住者が何千人もの人々を殺しているんだから、不法入国者を責めるな、と言わんばかりのこの一言も呆れますが、被害者の名前 Laken レイクンをリンカーンと言い間違えるとは！

これだけでも、十分ひどい話ですけど、驚くのはまだ早い！

ウォウクの極みである大手メディアは、イリーガル（「不法」という意味の形容詞ですが、「不法移民、不法入国者」という意味の名詞としても使われています）という単語を使ったバイデンを批判したため、次の日、バイデンは「イリーガルという単語を使ったことを後悔している」と、謝罪せざるをえなくなりました。

つまり、バイデンは、不法入国者に惨殺されたレイクン・ライリーの名前を言い間違えたことに対してはなんの謝罪もせずに、殺人犯をニューカマー（新しくやって来た人、新規参入者）とかアンドキュメンティド・マイグラント（記録されていない／在留届の書類を持たない移住者）というウォウクな表現を使わずにイリーガルと呼んだことを後悔し、ひたすらお詫びをしまくったのです。

この一連のバイデンの言動を見聞きして、通常の神経を持つ人々は、「いくらなんでも、そりゃないでしょ！」と思いました。

これと前後して、3月4日には、黒人の間で人気があるラッパー、ミーク・ミルが、「外出するときは銃を持っていけ。アメリカはすごく危険だ。どこも不法入国者がやりたい放題で、自動小銃が街に溢れ、ほとんどのドラッグにフェンタニルが混じり、オピオイドが脳を溶かし、アルゴリズムがマインドコントロールしてる」と、真実爆弾を投下。

同日、バイデンが密かに32万人の不法入国者を飛行機に乗せて、アメリカに迎え入れていたことも分かりました。

また、3月11日には、ルイジアナ州選出のクレイ・ヒギンズ共和党下院議員が、左記のコメントをXに載せました。

「バイデンの国境開放政策により、1200万人の不法入国者が押し寄せ、現在アメリカには4500万人の不法入国者がいると推定される。

これは60議席に相当する。

左派は国勢調査で市民権を問うことを望んでいない。人種差別だと言うのだ。本当は、民主党が自分たちのしていることに気づいてほしくないからだ」

各州の下院議員議席数は、国勢調査による住民数に応じて割り当てられるので、不法入国者による住民数が増えた州は議席数も増える、ということです。

ヒギンズ議員のこのコメントで、よほどのバカ以外が、「民主党は不法入国者に投票させて、永遠の多数党になろうと企んでる！」と、気づきました。3月4日には、メキシコとの国境から、BIDEN PLEASE LET US IN「バイデン　私たちを入れて（入国させて）ください」とプリントされたTシャツを着た不法入国者たちが、堂々と国境を越えてアメリカに入って来る姿がフォックス・ニュースで報道されていました。BIDEN のEは赤、その他の文字はブルーで、これは選挙キャンペーンのバイデンのロゴなので、不法入国者が民主党に投票することは確実です。そもそもこのようなTシャツをわざわざプリントして不法入国者にあげたのも、ソロスのようなカバールの手下が仕切るNGOなので、不法入国斡旋が、アメリカを内部から破壊するためのカバールの工作であることにも、多くの人々が気づき始めました。

3月13日には、フロリダのディサンティス州知事がハイチからの不法入国を阻止するために、海岸線に州兵を派遣したことが分かり、アメリカ人の多くが「海からも攻めてくるなんて、これは不法入国者によるアメリカ侵略だ！」と、警戒心を増しました。

また、ハイチからの不法移民に焦点が当たれば、オバマが気象兵器を使ってハイチで地震を起こし、そのどさくさにまぎれて〝救済〟を口実に現地入りしたクリントン、ブッシュの一味がハイチの子供たちを人身売買していたことにも、やっとスポットライトが当たるでしょう。

Qは、「ハイチの真実が露呈されたら彼ら（民主党）は黒人票を失う」と言っているので、今年中にハイチ地震の実態が露呈されるでしょう。

イランが南極に乗り出したので、もうすぐ南極の実態も明かされるでしょう。

デイヴィッド・ニーノ・ロドリゲスやスコット・マッケイが、国務省と大使館のライヴ・アート・プログラムが人身売買の隠れ蓑に使われていることも暴露しているので、ペドフィリア関連の真実がどっと明るみに出る日も近いはずです。

下院がバイデンの悪事を突きつめれば、バイデンの上にいたオバマの悪事にたどり着くので、オバマの正体がばれるのも時間の問題です。

アメリカ経済も悪化の一途をたどっています。

ビリオネアーたちは90億ドルもの株を売り払って、地下バンカーを建設し、孤島を購入しているので、ドル紙幣が無価値になり、なんらかのスケアー・イヴェント（核戦争、核爆発、エボラ、サイバー攻撃）が起きる日も、そう遠くはないでしょう。

大統領選に関しては、アリゾナのカリ・レイクとコロラドのティナ・ピーターズの２０２０年の不正選挙に関する裁判で、外国にいる複数のハッカーがドミニオン投票機を不正操作したことが証明されて２０２０年の選挙結果が無効となるはずです。10月までに最高裁でこの判決が下されれば、今年の大統領選は中止になる可能性が高いのですが、選挙が行われればトランプ大統領が圧勝します。

2月下旬に行われたギャラップ社の「最も重大な問題は何か？」という世論調査では、左記の結果が出ています。

1、不法入国者問題　28％

2、政府の機能　20％
3、経済全般　12％
4、インフレ　11％
5、貧困／飢餓／ホームレス　6％
6、国の統一　4％
7、人種問題　4％
8、連邦政府の赤字　3％
9、犯罪／ヴァイオレンス　3％
10、選挙改善／民主主義　3％

どれも、トランプ大統領のみが解決できる問題なので、今年、選挙が実行されればトランプ大統領が圧勝することは確実なので、カバールは選挙を阻止するためにあらゆる手段を講じるつもりでしょう。

しかし、スケアー・イヴェントは、人々を目覚めさせるために必要な行事です。

ニュークリア・フットボールはトランプ大統領が保持しているので、本物の核戦争が起きることはありませんが、第1次大戦後のドイツのようなハイパーインフレ、ＢＲＩＣＳ急成長によるドルの崩壊による経済大混乱で暴動が起きることは十分あり得ます。

不法入国者として入ってきたテロリストによるテロもあり得るでしょう。

サイバー攻撃（カバールが起こしたものをロシアやイランのせいにする）で、世界が真っ暗になることもほぼ確実です。

まだ目覚めていない人々は臨死状態を体験して、初めて真実を知ることができるからです。日本でも、気象兵器による地震が増えるでしょうから、みなさんも水や食料、簡易トイレなどを用意した上で、目覚まし作戦の一環であるショーを楽しんでくださいね！

ちなみに、日本のトランプ支持者の中には、民主党大会の前後にバイデンが外されてニューサムが大統領候補になることを恐れている人がいるようですが、心配ご無用！

ニューサムの元奥さん、キンバリー・ギルフォイルは、今はドン・ジュニアのフィアンセです。キンバリーは、少なくともサンフランシスコ市長だった頃のニューサムの悪事は全部知っているので、泥仕合になった場合はキンバリーがニューサムの過去を暴いてトランプ大統領を守ってくれます。

今まで何世紀にも渡って、偽旗工作、ハニーポットと賄賂によるブラックメール、不正選挙という同じ手を繰り返し使って楽勝してきたカバールは、負け知らずだった故に潰しがきかず、トランプ大統領とホワイト・ハットに太刀打ちできないのです。

現時点では、イーロン・マスクやタッカー・カールソンがホワイト・ハットの仲間入りをしたのかどうかハッキリとは分かりませんが、今のところ、２人がカバールの悪事を暴いていることは確かなので、もう大手メディアがカバールのサイオプを補助することもできなくなっています。

今年は、最後の悪あがきをするカバールの醜態を、じっくり見守っていきましょう！

Enjoy the show！

最後に、トランプ大統領とQがグレイト・アウェイクニング・オプ（偉大なる目覚め作戦）を開始するずっと前から、すでに日本で大覚醒運動を展開し、多くの日本人に真実を教授し続けてくださる副島隆彦先生と、今回も私のいい加減なリクエストにも快く応じて、丁寧に編集してくださった小笠原豊樹氏に、深くお礼申し上げます。

本文の記述の根拠となる出典のＵＲＬは、秀和システムのホームページ https://www.shuwasystem.co.jp/ にある本書のサイトのサポート欄に掲載してあります。

２０２４年3月14日、不法入国者の巣窟と化したテキサスにて
西森マリー

■監修者プロフィール
副島隆彦（そえじま たかひこ）

評論家。副島国家戦略研究所（SNSI）主宰。1953年、福岡県生まれ。早稲田大学法学部卒業。外資系銀行員、予備校講師、常葉学園大学教授等を歴任。主著に『世界覇権国アメリカを動かす政治家と知識人たち』（講談社＋α文庫）、『決定版 属国 日本論』（PHP研究所）、近著に『教養としてのヨーロッパの王と大思想家たちの真実』（秀和システム）、『自分だけを信じて生きる』（幻冬舎）、『中国は嫌々ながら世界覇権を握る』（ビジネス社）、『金融恐慌が始まるので金は3倍になる』（祥伝社）、『プーチンを罠に嵌め、策略に陥れた英米ディープステイトはウクライナ戦争を第3次世界大戦にする』（秀和システム）他多数。

■著者プロフィール
西森マリー（にしもり まりー）

ジャーナリスト。エジプトのカイロ大学で比較心理学を専攻。イスラム教徒。1989年から1994年までNHK教育テレビ「英会話」講師。NHK海外向け英語放送のDJ、テレビ朝日系「CNNモーニング」のキャスターなどを歴任。1994年から4年間、ヨーロッパで動物権運動の取材。1998年、拠点をアメリカのテキサスに移し、ジャーナリストとして活躍している。著書に『ディープ・ステイトの真実』『世界人類の99.99%を支配するカバールの正体』『カバールの民衆「洗脳」装置としてのハリウッド映画の正体』『カバールの捏造情報拡散機関フェイク・ニューズメディアの真っ赤な嘘』『カバール解体大作戦』『アメリカ衰退の元凶バラク・オバマの正体』（以上、秀和システム）他多数。

帰《かえ》ってきたトランプ大統領《だいとうりょう》
アメリカに“建国《けんこく》の正義《せいぎ》”が戻《もど》る日《ひ》

発行日　2024年 4月20日　　第1版第1刷

著　者　西森《にしもり》　マリー
監修者　副島《そえじま》　隆彦《たかひこ》

発行者　斉藤　和邦
発行所　株式会社　秀和システム
〒135-0016
東京都江東区東陽2-4-2　新宮ビル2F
Tel 03-6264-3105（販売）Fax 03-6264-3094
印刷所　三松堂印刷株式会社　　Printed in Japan

ISBN978-4-7980-7201-2 C0031